Netzeffektbasierte Diffusion

Europäische Hochschulschriften

Publications Universitaires Européennes
European University Studies

Reihe V
Volks- und Betriebswirtschaft

Série V Series V
Sciences économiques, gestion d'entreprise
Economics and Management

Bd./Vol. 3243

PETER LANG
Frankfurt am Main · Berlin · Bern · Bruxelles · New York · Oxford · Wien

Karl-Heinz Lüke

Netzeffektbasierte Diffusion

Simulationsmodell zur Entscheidungsunterstützung für Analyse und Prognose

PETER LANG
Europäischer Verlag der Wissenschaften

Bibliografische Information der Deutschen Nationalbibliothek
Die Deutsche Nationalbibliothek verzeichnet diese Publikation in der Deutschen Nationalbibliografie; detaillierte bibliografische Daten sind im Internet über <http://www.d-nb.de> abrufbar.

Zugl.: Hildesheim, Univ., Diss., 2006

Hil 2
ISSN 0531-7339
ISBN-10: 3-631-55844-9
ISBN-13: 978-3-631-55844-7

www.peterlang.de

Vorwort

Die vorliegende Arbeit entstand in Zusammenarbeit mit der Deutschen Telekom am Institut für Betriebswirtschaft der Universität Hildesheim und wurde vom dortigen Fachbereich III (Informations- und Kommunikationswissenschaften) als Dissertation angenommen. Zum Erfolg dieser Arbeit haben viele Menschen im meinem Umfeld beigetragen. An dieser Stelle möchte ich vor allem meinem Doktorvater, Herrn Prof. Dr. Klaus Ambrosi, meinen ganz herzlichen Dank für die Förderung, Unterstützung, motivierenden Anregungen und konstruktiven Ratschläge während der Zeit am Institut aussprechen. Herrn Prof. Dr. Eberhard Schwarzer gilt mein Dank für die Übernahme des Zweitgutachtens. Ebenso danke ich Prof. Dr. Hans-Joachim Bentz für die gute Zusammenarbeit. Meinen Kollegen, vor allem Herrn Dr. Felix Hahne und Herrn Dipl.- Inform. Andreas Gonschior, danke ich für die vielfältigen Diskussionen und kritischen Anregungen, die einen nicht unwesentlichen Beitrag zum Fortschritt der vorliegenden Arbeit beigetragen haben. Darüber hinaus gilt mein Dank unserer Sekretärin Frau Margarete Busemann.

Mein Dank gilt dem Kooperationspartner Deutsche Telekom, der mir im Rahmen der Promotionsförderung nicht nur eine finanzielle Unterstützung gewährte, sondern auch inhaltlich entscheidend mitgewirkt hat, um die vorliegende Arbeit zielgerichtet und erfolgreich abzuschließen. Ganz besonders möchte ich meinen fachlichen Betreuer, Herrn Dr. Hans-Peter Quadt, hervorheben, der durch seine motivierenden Ratschläge, sein branchenspezifisches Wissen und durch seine guten Kontakte innerhalb der Deutschen Telekom zum Gelingen der Arbeit beigetragen hat.

Darüber hinaus gilt mein ganz besonderer Dank meinen Eltern Josef und Anita, meiner Schwester Julia, meiner Oma Anna, meiner Oma Therese, meinen Verwandten, Freunden und Bekannten, die durch ihr Vertrauen und ihre ständigen Ermutigungen mir stets den nötigen Rückhalt gegeben haben, um das angestrebte Ziel auch zu erreichen.

Wöhle (bei Hildesheim), im April 2006 *Karl-Heinz Lüke*

Inhaltsverzeichnis

1 Einleitung **23**

1.1 Problemstellung und Zielsetzung 23

1.2 Aufbau der Arbeit 25

2 Charakteristika netzeffektbasierter Güter **29**

2.1 Grundlagen der Adoptions- und Diffusionstheorie 30

2.1.1 Klassische Betrachtungsweise 30

2.1.2 Kritische Betrachtung 36

2.2 Beschreibung von Netzeffekten 39

2.2.1 Arten von Netzeffekten 41

2.2.2 Güterabgrenzung 42

2.2.2.1 Abgrenzung nach Schoder 42

2.2.2.2 Abgrenzung nach Röck 44

2.2.2.3 Kritische Anmerkung zur Güterabgrenzung . . 45

2.2.3 Besonderheiten der Ausbreitungsentwicklung 46

2.2.3.1 Kritische Masse 46

2.2.3.2 Kompatibilität und Installierte Basis 50

2.2.3.3 Rückkopplungseffekte 53

2.2.3.4 Lock-In Situation 57

2.2.3.5 Typische Diffusionsmuster 59

3 Klassische Modelle der Diffusionsforschung **65**

3.1 Grundmodelle 66

3.1.1 Grundstruktur 66

3.1.2 Exponentielles Modell 67
3.1.3 Logistisches Modell 68
3.1.4 Semilogistisches Modell 69
3.1.5 Bass-Modell 71
3.1.6 Kritische Betrachtung 72
3.2 Alternative Modellansätze 77

4 Nutzenmodellierung bei Netzeffektgütern 81
4.1 Nutzenkonstrukte 82
4.1.1 Modellierung der Nutzenfunktion 86
4.1.1.1 Verknüpfungsansätze 86
4.1.1.2 Basis- bzw. Zusatznutzen 89
4.1.1.3 Netzeffektnutzen 92
4.1.1.4 Typen von Netzeffektfunktionen 95
4.1.1.5 Nutzenfunktionsgleichungen 99
4.2 Anforderungen an ein netzeffektbasiertes Diffusionsmodell . . . 103

5 Netzeffektbasiertes Modell 105
5.1 Synergetische Betrachtungen 106
5.1.1 Mikroebene 107
5.1.2 Makroebene 108
5.2 Mastergleichungsansatz 109
5.3 Gleichungen für die Mittelwerte 113
5.4 Modellierung der Wechselwahrscheinlichkeiten 117
5.5 Kontinuierlicher Modellansatz 125
5.5.1 Kontinuierliches Grundmodell 125
5.5.2 Matrizielle kontinuierliche Darstellung 128
5.6 Diskreter Modellansatz 133
5.6.1 Diskretes Grundmodell 133
5.6.2 Matrizielle diskrete Darstellung 136
5.7 Abbildung integrierter Diffusions- und
Wechselphasen 139

5.7.1 Diffusions- und Wechselphasen . . . 139
5.7.2 Methodische Erweiterung . . . 141

6 Modellsimulation 145
6.1 Zielsetzung der Simulation . . . 146
6.2 Phasenmodell der Simulation . . . 149
6.2.1 Übersicht der Ablaufschritte . . . 149
6.2.2 Definition der Anfangsbedingung . . . 152
6.2.3 Definition der Nutzenfunktionen . . . 157
6.2.3.1 Nutzenfunktion für potentielle Adoptoren . . . 157
6.2.3.2 Nutzenfunktion für die Alternativen D1-Netz, D2-Netz, E1-Netz und E2-Netz . . . 161
6.2.3.3 Dynamischer Verlauf der Nutzenfunktionen . . . 165
6.2.4 Modellkalibrierung . . . 167
6.2.4.1 Allgemeine Formulierung des Minimierungsproblems . . . 167
6.2.4.2 Lösungsverfahren der Modellkalibrierung . . . 170
6.2.4.3 Ergebnisse der Kalibrierung . . . 171
6.2.5 What-If-Analyse . . . 179
6.2.5.1 Auswirkungen von Strategieänderungen . . . 179
6.2.5.2 Auswirkungen bei Änderungen des Netzeffekteinflusses . . . 186
6.2.6 How-To-Achieve-Analyse . . . 194
6.2.6.1 Formulierung des Optimierungsproblems der How-To-Achieve-Analyse . . . 194
6.2.6.2 Ergebnisse einer How-To-Achieve-Analyse . . . 196

7 Zusammenfassung und Ausblick 199

Literaturverzeichnis 203

Tabellenverzeichnis

2.1 Güterkategorien, in Anlehnung an Schoder ((1995), S. 13) 43

4.1 Beispiel für linear steigende und linear fallende Aktionsparameterfunktionen 91
4.2 Netzeffektfunktionstypen 99

6.1 Detaillierte Mobilfunkentwicklung, Zahlenmaterial aus Bundesnetzagentur (2005) 155
6.2 Wertebereiche der Aktionsparameter für die potentiellen Adoptoren 159
6.3 Wertebereiche der Aktionsparameter für die Alternativen D1-Netz, D2-Netz, E1-Netz und E2-Netz 163
6.4 Beispiel für empirische Daten 168
6.5 Vergleich der empirischen und der geschätzten Daten für den Zeitraum 1999-2004 171
6.6 Vergleich der Wechselwahrscheinlichkeiten: Ohne und mit Strategieänderung 183
6.7 Vergleich der Zuflüsse und Abflüsse: Ohne Strategieänderung . . 184
6.8 Vergleich der Zuflüsse und Abflüsse: Mit Strategieänderung . . . 185

Abbildungsverzeichnis

1.1 Struktur der Arbeit 28

2.1 Adoptions- und Diffusionskurve (klassische Betrachtungsweise), in Anlehnung an Rogers ((1995), S. 262) 35

2.2 Mögliche Ergebnisse des Entscheidungsprozesses, in Anlehnung an Weiber/Pohl ((1996), S. 1207) 37

2.3 Einteilung der Güterkategorien, in Anlehnung an Röck ((2000), S. 35) 44

2.4 Abhängigkeiten zwischen den verschiedenen Kompatibilitätskategorien, in Anlehnung an Speth ((2000), S. 42) 51

2.5 Einflußfaktoren des Diffusionsverlaufs, in Anlehnung an Weiber ((1992), S. 133) 55

2.6 Diffusionsverläufe bei Netzeffektgütern mit direkten Netzeffekten, in Anlehnung an Röck ((2000), S. 41) 56

2.7 Horizontale und vertikale Rückkopplungsmechanismen, in Anlehnung an Schoder ((1995), S. 51) 57

2.8 Gegenüberstellung von Adoptions- und Diffusionskurve: Klassische Güter - Netzeffektgüter 61

2.9 Adoptions- und Diffusionskurve, Zahlenmaterial aus Bundesnetzagentur (2005) 62

2.10 Mehrgipfligkeit der Adoptionskurve und die zugehörige Diffusionskurve, in Anlehnung an Weiber ((1992), S. 143) 63

3.1 Klassifizierung von Diffusionsmodellen, in Anlehnung an Mahajan/Muller/Wind ((2000), S. 97 ff.) 77

4.1 Zusammenhänge zwischen dem Nutzen, der Präferenz und der Entscheidung, in Anlehnung an Gensler ((2003), S. 14) 82
4.2 Zuordnung der Güterkategorien zu den Nutzenkomponenten . . 85
4.3 Beispiele für Aktionsparameterfunktionen 90
4.4 Variation des Parameters δ_1 96
4.5 Variation des Parameters λ_2 97
4.6 Variation des Parameters λ_3 98

5.1 Beispiel für die Variation des Parameters a 123
5.2 Beispiel für die Variation des Parameters b 124
5.3 Schritte der Modellentwicklung 125
5.4 Verwendung von φ_1 und φ_2 140

6.1 Einteilung der Methodiken zur Entscheidungsunterstützung . . . 148
6.2 Phasenmodell der Simulation 149
6.3 Schritte des Phasenmodells 151
6.4 Penetration Mobilfunk in Deutschland, Zahlenmaterial aus Bundesnetzagentur (2005) 153
6.5 Entwicklung der Teilnehmer in den Mobilfunknetzen, Zahlenmaterial aus Bundesnetzagentur (2005) 154
6.6 Widerstandspotentialfunktion der Nicht-Nutzer 158
6.7 Gesamtnutzenwerte 165
6.8 Vergleich der empirischen und geschätzen Daten für den Zeitraum 1992-2004 172
6.9 Vergleich der empirischen und der geschätzten Daten für den Zeitraum 1999-2004 173
6.10 Prozentuale Abweichungen der pot. Adoptoren (Nicht-Nutzer) . 174
6.11 Prozentuale Abweichungen der D1-Teilnehmer 175
6.12 Prozentuale Abweichungen der D2-Teilnehmer 175
6.13 Prozentuale Abweichungen der E1-Teilnehmer 176

6.14 Prozentuale Abweichungen der E2-Teilnehmer 176
6.15 Veränderung der Parameter der Transformationsfunktion 177
6.16 Veränderung der Ausprägungen des Aktionsparameters 178
6.17 Mögliche Prognose für den Zeitraum 2005-2008 (ohne Strategiewechsel) 180
6.18 Mögliche Prognose für den Zeitraum 2005-2008 (mit Strategiewechsel) 181
6.19 Geänderte Netzeffektfunktion 187
6.20 Auswirkungen bei Veränderung des Netzeffekteinflusses 188
6.21 Vergleich der Diffusions- und Adoptionskurve bei stärkeren und schwächeren Netzeffekten 190
6.22 Vergleich von stärkeren und schwächeren Netzeffekten der pot. Adoptoren 191
6.23 Vergleich von stärkeren und schwächeren Netzeffekten bei der Alternative D1-Netz 191
6.24 Vergleich von stärkeren und schwächeren Netzeffekten bei der Alternative D2-Netz 192
6.25 Vergleich von stärkeren und schwächeren Netzeffekten bei der Alternative E1-Netz 193
6.26 Vergleich von stärkeren und schwächeren Netzeffekten bei der Alternative E2-Netz 193
6.27 Vergleich bei Änderung der Preispolitik 196

Symbolverzeichnis

Arabische Symbole:

a	Parameter einer Transformationsfunktion
$\underline{a}, \underline{b}$	Untere Grenzen eines Parameters
$\overline{a}, \overline{b}$	Obere Grenzen eines Parameters
$\widehat{a}$	Innovationskoeffizient bzw. Wirkungsparameter der Massenkommunikation
$\widehat{a}_i$, $\widehat{a}_j$	Wirkungsparameter der Massenkommunikation von Alternative i bzw. j
b	Parameter einer Transformationsfunktion
$\widehat{b}$	Imitationskoeffizient bzw. Wirkungsparameter der persönlichen Kommunikation
$\widehat{b}_i$, $\widehat{b}_j$	Wirkungsparameter der persönlichen Kommunikation von Alternative i bzw. j
$N_i(t)$, $N_j(t)$	Anzahl der Übernehmer von Alternative i bzw. j zur Zeit t
$\widehat{b}_i$, $\widehat{b}_j$	Wirkungsparameter der persönlichen Kommunikation von Alternative i bzw. j
M_i, M_j	Marktpotential von Alternative i bzw. j
c	Parameter einer Transformationsfunktion
$\underline{c}, \underline{d}$	Untere Grenzen eines Parameters
$\overline{c}, \overline{d}$	Obere Grenzen eines Parameters
c_2	Parameter einer Netzeffektfunktion
$c^{\alpha}_{I,h}, c^{\alpha}_{II,h}$	Gewichte des Aktionsparameters h

$c^{\alpha}_{I,\tilde{R}+1}, c^{\alpha}_{II,R+1}$	Gewicht des Netzeffekteinflusses
$\widehat{c}_{ij}$	Wirkungsparameter zur Beschreibung des Einflusses von Alternative i auf j bzw. umgekehrt
d	Parameter einer Transformationsfunktion
$d^{\alpha}_{ij,t}\left(m_t, s^{\alpha}_{j,t}, s^{\alpha}_{i,t}\right)$	Nutzendifferenzen zwischen den Alternativen i und j (zeitdiskret)
$d^{\alpha}_{ij}\left(m(t), s^{\alpha}_{j}(t), s^{\alpha}_{i}(t)\right)$	Nutzendifferenzen zwischen den Alternativen i und j (zeitkontinuierlich)
$\widehat{f}(N(t))$	Transferrate
i, j	Indizes für die Alternativen
k_1, k_2, k_3	Parameter einer Netzeffektfunktion
$\widetilde{k}_1$	Parameter der Widerstandspotentialfunktion
$\widetilde{k}$	Index für die Netzeffektfunktion
L	Anzahl der Alternativen
M	Marktpotential
m_t	Marktvektor (zeitdiskret)
$m(t)$	Marktvektor (zeitkontinuierlich)
$\dot{m}(t)$	Differentielle Form des Marktvektors
$\widetilde{m}$	Marktaufteilung
$N(t)$	Anzahl der Übernehmer
N_{α}	Anzahl der potentiellen Adoptoren bzw. Adoptoren der Konsumentengruppe α
$\widetilde{n}^{\alpha}_{i}$	Anzahl der potentiellen Adoptoren bzw. Adoptoren der Konsumentengruppe α der Alternative i
$n^{\alpha}_{i,t}$	Anzahl der potentiellen Adoptoren bzw. Adoptoren der Alternative i und Konsumentengruppe α zum Zeitpunkt t

$n_i^{\alpha}(t)$	Anzahl der potentiellen Adoptoren bzw. Adoptoren der Konsumentengruppe α der Alternative i (zeitkontinuierlich)
$\overline{n}_{i,t}^{\alpha}$	Anzahl der Adoptoren bzw. potentiellen Adoptoren der Alternative i und Konsumentengruppe α zum Zeitpunkt t (empirischer Wert)
P	Anzahl der Konsumentengruppen: $\alpha = 1, ..., P$
$P(\widetilde{m}, t)$:	Verteilung der Marktkonfiguration $\widetilde{m}$ zum Zeitpunkt t
$\overline{p}_{ij}^{\alpha}\left(s_i^{\alpha}(t), s_j^{\alpha}(t), m(t)\right)$	Wechselwahrscheinlichkeit bei insgesamt *zwei* Alternativen
$p_{ij,t}^{\alpha}\left(m_t, s_{j,t}^{\alpha}, s_{i,t}^{\alpha}, a, b\right)$	Wechselwahrscheinlichkeit von der Alternative i nach j in der Konsumentengruppe α (zeitdiskret)
$p_{ij}^{\alpha}\left(m(t), s_j^{\alpha}(t), s_i^{\alpha}(t), a, b\right)$	Wechselwahrscheinlichkeit von der Alternative i nach j in der Konsumentengruppe α (zeitkontinuierlich)
$p_{ij,t}^{\alpha}\left(m_t, s_{j,t}^{\alpha}, s_{i,t}^{\alpha}, a, b, c, d\right)$	Wechselwahrscheinlichkeit von der Alternative i nach j in der Konsumentengruppe α bei zwei Transformationsfunktionen
$\widetilde{R}, R$	Anzahl der Aktionsparameter
R_B^2	Bestimmtheitsmaß
$\widetilde{r}$	Index für die Widerstandspotentialfunktion
$s_{i,t}^{\alpha}$	Vektor der Aktionsparameter der Alternative i der Konsumentengruppe α (zeitdiskret)
$s_i^{\alpha}(t)$	Vektor der Aktionsparameter der Alternative i der Konsumentengruppe α (zeitkontinuierlich)
$s_{i,h,t}^{\alpha}$	Ausprägung des Aktionsparameters h der Alternative i der Konsumentengruppe α (zeitdiskret)

$s^{\alpha}_{i,h,\min}$, $s^{\alpha}_{i,h,\max}$	Minimaler bzw. maximaler Wert der Ausprägung des Aktionsparameters h der Alternative i
$s^{\alpha}_{i,h}(t)$	Ausprägung des Aktionsparameters h der Alternative i, der Konsumentengruppe α (zeitkontinuierlich)
T	Anzahl der Perioden
$U^{\alpha}_{i,t}\left(m_t, s^{\alpha}_{i,t}\right)$	Nutzenfunktion der Alternative i der Konsumentengruppe α (zeitdiskret)
$U^{\alpha}_{i}(m(t), s^{\alpha}_{i}(t))$	Nutzenfunktion der Alternative i der Konsumentengruppe α (zeitkontinuierlich)
$\mathbf{W}_t(m_t)$	Systemmatrix (zeitdiskret)
$\mathbf{W}(m(t), t)$	Systemmatrix (zeitkontinuierlich)
$\mathbf{W}^{\alpha}_t(m_t)$	Teilmatrix der Konsumentengruppe α (zeitdiskret)
$\mathbf{W}^{\alpha}(m(t), t)$	Teilmatrix der Konsumentengruppe α (zeitkontinuierlich)
$w^{\alpha}_{ij}(\widetilde{m}, t)$	Übergangsrate pro Zeiteinheit von der Alternative i nach j

Griechische Symbole:

α, β	Indizes der Konsumentengruppen
$\delta_1, \delta_2, \delta_3$	Parameter von Netzeffektfunktionen
$\widetilde{\delta}_1$	Parameter der Widerstandspotentialfunktion
$\widetilde{\eta}_{\bar{r}}^{\alpha}\left(\pi_{i,t}^{\alpha}(m_t)\right)$	Widerstandspotentialfunktion der potentiellen Adoptoren der Konsumentengruppe α
$\eta_{\bar{k}}^{\alpha}(\pi_{i,t}^{\alpha}(m_t))$	Netzeffektfunktion für die Adoptoren der Konsumentengruppe α
$\kappa_{I,h}^{\alpha}\left(s_{i,t,h}^{\alpha}\right), \kappa_{II,h}^{\alpha}\left(s_{i,t,h}^{\alpha}\right)$	Aktionsparameterfunktion des Aktionsparameters h
$\lambda_1, \lambda_2, \lambda_3$	Parameter der Netzeffektfunktionen
$\widetilde{\lambda}_1$	Parameter der Widerstanspotentialfunktion
$\lambda_t, \widetilde{\lambda}_t$	Gewichtungsparameter
$\Lambda^{\alpha\beta}$	Inter- bzw. Intragruppenkoeffizient
ν	Normierungsparameter
$\pi_{i,t}^{\alpha}(m_t)$	Netzeffektkoeffizient
$\varphi_1\left(d_{ij,t}^{\alpha}\left(m_t, s_{i,t}^{\alpha}, s_{j,t}^{\alpha}\right), a, b\right)$	Transformationsfunktion 1
$\varphi_2\left(d_{ij,t}^{\alpha}\left(m_t, s_{i,t}^{\alpha}, s_{j,t}^{\alpha}\right), c, d\right)$	Transformationsfunktion 2

Sonstige Symbole:

$\mathbb{N}$	Natürliche Zahlen
$\mathbb{N}_+$	Positive natürliche Zahlen
$\mathbb{R}^n$	n-dimensionaler Raum der reellen Zahlen
$(x_1, ..., x_n)'$	Transponierter Vektor

Kapitel 1

Einleitung

1.1 Problemstellung und Zielsetzung

Die schnelle Abfolge von Technologiegenerationen, steigender Wettbewerbsdruck durch neue Anbieter, Globalisierung und Liberalisierung der Märkte führen zu Diskontinuitäten in der Unternehmensentwicklung. Kennzeichnend ist vor allem die rasante Geschwindigkeit, mit der dieser tiefgreifende Veränderungsprozeß vollzogen wird. In den letzten Jahren sind vor allem Telekommunikationsunternehmen diesen veränderten Umfeldbedingungen in besonderer Weise ausgesetzt. Mit der Liberalisierung des Telekommunikationsmarktes ist einerseits die Wettbewerbsdynamik durch neue Anbieter dramatisch verschärft worden, andererseits ist mit dem Aufkommen von neuen technologischen Entwicklungen im Mobilfunk, im Breitband und mit Voice over IP (VoIP) eine Situation entstanden, bei der traditionelle Technologien bedroht, aber auch gleichzeitig Chancen für neue Geschäftsfelder eröffnet werden.

Für die strategische und operative Planung und auch speziell für absatzrelevante Fragestellungen ist die Erklärung von Diffusionsverläufen von großem Interesse. Den diffusionstheoretischen Erkenntnissen kommt demzufolge bei der

Markteinführung eine sehr hohe Beachtung zu, um eine zuverlässige Prognose und Steuerung des Diffusionsprozesses zu erzielen. Allerdings können die mit den traditionellen Modellen der Diffusionsforschung erstellten Abschätzungen von Marktentwicklungen bei Telekommunikationsdiensten mit Schwierigkeiten verbunden sein, da die Besonderheiten dieser Güterkategorie in der klassischen Diffusionstheorie nicht ausreichend berücksichtigt werden. Das begründet sich vor allem damit, daß die bei der Ausbreitungsentwicklung von Telekommunikationsdiensten wirkenden Netzeffekte Einfluß auf die Adoptionsentscheidung von potentiellen Teilnehmern und damit auch auf den Diffusionsprozeß ausüben. Grundsätzlich können unter Netzeffektgütern mit direkten Netzeffekten diejenigen positiven Eigenschaften eines Netzwerkes verstanden werden, die aus einem unmittelbaren Nutzenzuwachs durch eine vergrößerte Nutzeranzahl entstehen (z.B. Mobilfunk, Festnetztelefon, E-Mail). Oder vereinfacht ausgedrückt: Der Nutzen eines Gutes steigt mit vergrößerter Teilnehmerzahl.

Vor diesem Hintergrund ist die Unterstützung von Managemententscheidungen bei diffusionsrelevanten Fragestellungen, die sich mit konkurrierenden, netzeffektbasierten Telekommunikationsdiensten beschäftigen, sehr bedeutsam. Die Nutzung bzw. Entwicklung geeigneter quantitativer Modellansätze als Instrument zur Beschreibung, Analyse, Simulation und Prognose von Diffusionsverläufen kann einen wertvollen Unterstützungsbeitrag leisten. Allerdings sind die Diffusionsmodelle[1] in der Tradition von Bass (1969), bzw. auch deren Weiterentwicklungen, meist nicht dafür konzipiert, die den Netzeffektgütern unterstellte Diffusionsdynamik zu berücksichtigen. Zudem rückt bei der Diffusionsmodellierung die Integration quantifizierbarer Nutzenüberlegungen bei Netzeffektgütern in den Mittelpunkt der Betrachtung. Auf Grundlage dieser Kenntnisse können die Erklärung und Prognose von Diffusionsverläufen unter der Einbeziehung der zugrunde gelegten Einflußvariablen und deren Wirkungsmechanismen für strategische und operative Fragestellungen des Managements einen wertvollen Entscheidungs- und Planungsbeitrag liefern.

[1] Siehe hierzu die umfassende Übersicht von Diffusionsmodellen bei Mahajan/Muller/Wind (2000).

Die Zielsetzung der vorliegenden Arbeit liegt darin, ein speziell für Netzeffektgüter entwickeltes quantitatives Modell vorzustellen. Zu diesem Zweck wird auf Grundlage des Mastergleichungsansatzes der Synergetik, bzw. der daraus genäherten Mittelwertgleichungen, ein Ansatz gewählt, der sich auch ideal für die Diffusionsmodellierung von Netzeffektgütern übertragen läßt.[2] Im Gegensatz zu der klassischen Diffusionstheorie, die keine Entscheidungsmechanismen der potentiellen Adoptoren berücksichtigt, wird ein weiterer Schwerpunkt auf der quantitativen Nutzenmodellierung liegen. Damit soll vor allem der Erkenntnis Rechnung getragen werden, daß der Nutzen bei direkten Netzeffekten mit der Verbreitung dieses Gutes steigt. Das vorgestellte Modell ermöglicht über die Kalibrierung mit Vergangenheitsdaten hinaus eine zielgerichte Analyse des zukünftigen Diffusionsverlaufs unter Wettbewerbsbedingungen und zeigt Wirkungszusammenhänge auf, die für Managemententscheidungen von hoher Bedeutung sind. Anhand einer Modellsimulation über die Entwicklung des Mobilfunkmarktes in Deutschland werden der Anwendungsbezug und die Einsatzmöglichkeiten des erstellten Modells ausführlich dokumentiert.

1.2 Aufbau der Arbeit

Aus der oben genannten grundlegenden Zielsetzung resultiert nachfolgender Aufbau der Arbeit:

Kapitel 2 behandelt die grundlegenden Charakteristika netzeffektbasierter Güter. Zunächst wird auf die klassische Adoptions- und Diffusionstheorie sowie auf deren kritische Betrachtung eingegangen. Mit der daran anschließenden Abgrenzung von Netzeffektgütern von anderen Güterkategorien, wie z.B. den Singulärgütern sowie durch Aufzeigen von Unterschieden zwischen direkten und indirekten Netzeffekten, wird ein erster Eindruck von den Besonderheiten dieser Güterkategorie gegeben. Nach einer Darstellung von Kritischen-Masse-

[2] Siehe hierzu vor allem die Arbeiten von Weidlich (2002) und Schoder (1995).

Effekten, Kompatibilitätsbetrachtungen und Rückkopplungseffekten beschäftigt sich dieses Kapitel mit typischen Diffusionsmustern, die im Vergleich zu Singulärgütern einen veränderten Ausbreitungsverlauf zeigen.

Eine quantitative Darstellung und die Anwendungsproblematik der klassischen Diffusionsmodelle bei Netzeffektgütern ist Gegenstand von **Kapitel 3**. Dabei wird zu den Grundmodellen der Diffusionsforschung kritisch Stellung genommen, die auf dem exponentiellen, dem logistischen, dem semilogistischen und dem Bass-Modell bzw. deren Modifikationen beruhen. Die Notwendigkeit eines für Netzeffektgüter geeigneten Modells, das sowohl individuelle bzw. konsumentengruppenspezifische quantitative Nutzenbetrachtungen als auch Produktalternativen integriert, bildet den Ausgangspunkt für die weiteren Überlegungen.

Im Mittelpunkt von **Kapitel 4** steht eine quantitative Formulierung von dynamischen Nutzenfunktionen bei Netzeffektgütern. Ausgehend von der Diskussion über die verschiedenen Verknüpfungsansätze von Basis-, Zusatz- und Netzeffektnutzen zu einer Gesamtnutzenfunktion, liegt der Schwerpunkt dieses Kapitels in der Spezifizierung der einzelnen Nutzenkomponenten. Insbesondere die formale Darstellung von verschiedenen Netzeffektfunktionstypen und deren Abbildung auf positive und negative Netzeffekte stehen im Focus der Untersuchungen. Im Hinblick auf die Modellsimulation wird bei der Nutzenmodellierung eine Erweiterung vorgeschlagen und umgesetzt, die auf der grundsätzlichen Idee basiert, daß für die am Diffusionsprozeß beteiligten potentiellen Adoptoren andere Einflußfaktoren mit der Ablehnung oder Auswahl eines Produktes verbunden sind als für die Adoptoren. Die formale Erweiterung liegt darin, daß sowohl für die potentiellen Adoptoren als auch für die Adoptoren jeweils eine separate Nutzenfunktion spezifiziert werden kann. Abschließend werden die bisherigen Überlegungen zu grundlegenden Anforderungen an ein netzeffektbasiertes Diffusionsmodell zusammengefaßt.

Kapitel 5 widmet sich der quantitativen Formulierung des netzeffektbasierten Diffusionsmodells, auf dessen Grundlage das erstellte Simulationsmodell zur Entscheidungsunterstützung umgesetzt wird. Ausgangspunkt der Überlegungen bildet der Mastergleichungsansatz aus der Synergetik, bzw. die daraus abgeleiteten genäherten Mittelwertgleichungen. Eine formale Darstellung der Wechselwahrscheinlichkeiten zwischen den Produktalternativen auf der Basis von Nutzendifferenzen schließt sich daran an. Das daraus resultierende nichtlineare Differentialgleichungssystem wird nach einer entsprechenden Diskretisierung für die Simulation als ein Differenzengleichungssystem formuliert. Der letzte Abschnitt des Kapitels beschäftigt sich mit der formalen Erweiterung des zuvor erhaltenen Differenzengleichungssystems um eine separate Abbildung von Diffusions- und die sich daran ggf. anschließenden Wechselphasen. Die Erweiterungen basieren auf der grundlegenden Idee, daß insbesondere die bei Netzeffektgütern zu beobachtenden Rückbildungsprozesse, bzw. ein Wechsel zu einer anderen Alternative, auf andere Einflüsse zurückzuführen sind als diejenigen, die für die Diffusionsphase gelten.

Kapitel 6 veranschaulicht die zuvor dargestellten formalen Überlegungen anhand einer Modellsimulation über die Mobilfunkentwicklung in Deutschland bei insgesamt vier konkurrierenden Netzbetreibern. Der Schwerpunkt liegt auf der Vorstellung eines integrierten Phasenkonzepts, das sich in die Definition der Anfangsbedingung, die Definition der Nutzenfunktion, die Modellkalibrierung, die What-If-Analyse und die How-To-Achieve-Analyse unterteilt. In der Phase der Modellkalibrierung geht es darum, durch ein geeignetes nichtlineares Optimierungsverfahren Parametersätze auf der Grundlage von Zeitreihen zu schätzen und darauf aufbauend eine Prognose zu erstellen. Zur Beurteilung der Schätzergebnisse schließt sich eine Robustheitsprüfung an. Variablenbezogene Sensitivitätsüberlegungen geben Aufschluß über die Reaktionsmechanismen des Modells. Hierbei stehen vor allem Veränderungen des Netzeffekteinflusses im Mittelpunkt der Sensitivitätsüberlegungen. Die Untersuchungen schließen mit der Durchführung einer How-To-Achieve-Analyse ab, bei der die Maßnahmen identifiziert werden, mit denen ein vorher festgelegtes Ziel erreicht werden soll.

Den Abschluß bildet eine Zusammenfassung der wichtigsten Ergebnisse der vorgestellten Arbeit.

Die nachstehende Abbildung 1.1 verdeutlicht den Aufbau der Arbeit und die Verknüpfung der einzelnen Kapitel.

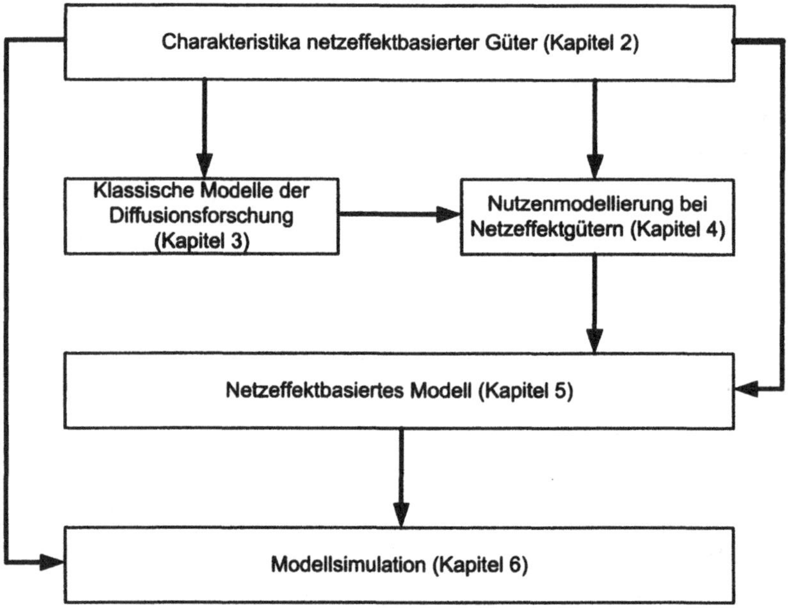

Abbildung 1.1: Struktur der Arbeit

Kapitel 2

Charakteristika netzeffektbasierter Güter

Das vorliegende Kapitel beschäftigt sich mit der grundsätzlichen Einordnung, Beschreibung und Abgrenzung von netzeffektbasierten Gütern. Im Gegensatz zu den klassischen Gütern, auch Singulärgüter genannt, weisen sie eine Reihe von Besonderheiten auf. Zu nennen sind z.B. Kritische-Masse-Effekte, die bei der Ausbreitungsentwicklung zu berücksichtigen sind. Das Marketingmanagement eines Unternehmens darf sich folglich bei der Einführung eines neuen Produktes, das Netzeffekteigenschaften aufweist, nicht nur ausschließlich an den üblichen Basisprodukteigenschaften orientieren, sondern muß zusätzlich einen Netzeffektnutzen berücksichtigen. Entsprechend gilt es, den Adoptions- und Diffusionsprozeß hinsichtlich spezifischer Besonderheiten zu untersuchen.

2.1 Grundlagen der Adoptions- und Diffusionstheorie

2.1.1 Klassische Betrachtungsweise

Allgemein besitzt die Diffusionsforschung, vor allem in anderen Wissenschaftsdisziplinen wie der Biologie, Chemie und Soziologie, eine lange Tradition (vgl. Rogers (1995), S. 38 ff.; vgl. Gierl (1992), S. 383). Grundsätzlich laufen diese Diffusionen, sofern dieser Prozeß nicht von äußeren Umständen gestört wird, nach einer bestimmten Gesetzmäßigkeit in Form eines zuerst progressiv und dann degressiv verlaufenden Ausbreitungsverlaufs ab (vgl. Böcker/Gierl (1988), S. 32). Allerdings ist eine direkte Übertragung der naturgetzlichen Erklärung auf betriebswirtschaftliche Fragestellungen nicht uneingeschränkt möglich. Im Allgemeinen wird die Diffusion nach Rogers ((1995), S. 10)) als *„...the process by which an innovation is communicated through certain channels over time among the members of a social system"* verstanden. Nach dieser Beschreibung gewinnt der Charakter eines sozialen Systems, in dem die Diffusion abläuft, zunehmend an Bedeutung. Aus diesem Grund kann das Entscheidungsverhalten von Individuen eben nicht einem „naturgesetzlichen" Verlauf entsprechen. Es lassen sich vielmehr folgende Fälle unterscheiden (vgl. Gierl (1992), S. 383):

- Soziale Anerkennung scheint ein wichtiges Übernahmemotiv für ein Produkt zu sein.

- Die Adoptoren, d.h. diejenigen, die das Gut bereits übernommen haben, bestimmen die Einsatzmöglichkeiten, wie es bei Telekommunikationsdiensten (z.B. Festnetz, Mobilfunk) häufig der Fall ist.

- Ein weiteres wichtiges Übernahmemotiv ist die Weitergabe von Produkterfahrungen durch Meinungsführer, die die potentiellen Adoptoren beeinflussen können.

In diesem Zusammenhang gewinnt im betriebswirtschaftlichen Kontext, speziell im Marketing, neben der Ausbreitungsgeschwindigkeit und dem Ausbreitungsverlauf einer Innovation die Frage der diffusionsbestimmenden Faktoren an Bedeutung, die die zeitliche Ausbreitung einer Innovation beeinflussen (vgl. Weiber (1992), S. 1). Als Innovation wird nach Rogers ((1995), S. 11) als „*...an idea, practice, or object that is perceived as new by an individual or another unit of adoption.*“. Neuartigkeit ergibt sich allerdings nicht aufgrund objektiver Produkteigenschaften, sondern orientiert sich an der subjektiven Wahrnehmung - die allerdings auch sehr unterschiedlich ausfallen kann - durch die potentiellen Adoptoren.

Die Untersuchung von Ausbreitungsprozessen kann grundsätzlich aus zwei Perspektiven erfolgen. Adoptionsperspektive und Diffusionsperspektive sind wie folgt zu unterscheiden (vgl. Röck (2000), S. 19; vgl. Weiber (1992), S. 3):

- Die *Adoptionsperspektive* beschreibt das Übernahmeverhalten von Individuen, mit der die Adoption als finales Element im Adoptionsprozeß abgeschlossen wird. Hier stehen vor allem die intrapersonellen Einflußgrößen im Mittelpunkt der Untersuchung.
- Aus Sicht der *Diffusionsperspektive* wird der Ausbreitungsprozeß von Innovationen über alle Teilnehmer in Form zeitraumbezogener aggregierter Übernahmeentscheidungen untersucht.

Im Sinne dieser Beschreibung kann die Adoptionstheorie als eine in die Diffusionstheorie eingebettete Theorie verstanden werden. Aufgrund ihrer engen Verzahnung wird wegen der Zusammenfassung dieser Theoriestränge zu einer Theorie auch von Diffusionstheorie im weitesten Sinne gesprochen (vgl. Böcker/Gierl (1988), S. 32). Der Adoptionsprozeß, der die einzelnen Schritte bis zur Entscheidung über die Adoption einer Innovation beschreibt, wird nach Rogers idealtypisch in fünf Phasen[1] unterteilt (vgl. Rogers (1962), S. 81 f.):

[1] In einer leicht geänderten Bezeichnung beschreibt Rogers ((1995), S. 162 f.) die fünf Phasen als *knowledge*, *persuasion*, *decision*, *implementation* und *confirmation*.

- *Bewußtsein (awareness):* In dieser Phase des individuellen Übernahmeprozesses kann die Aufmerksamkeit durch ein Produkt oder einen Service geweckt werden, ohne daß sich ein potentieller Adoptor um Informationen bemüht. Diese Phase kann als Einstieg in den Übernahmeprozeß aufgefasst werden, obwohl auf Seiten des potentiellen Adoptors vielleicht nur ein begrenztes Interesse für diese Innovation besteht.

- *Interesse (interest):* In dieser Phase sucht ein potentieller Adoptor gezielt nach Informationen, um die Verwendungsmöglichkeiten und damit den Einsatz des Produktes zu prüfen.

- *Bewertung (evaluation):* Im Rahmen der Bewertungsphase geht es vor allem darum, die Vor- und Nachteile eines Kaufs oder einer Nutzung abzuwägen.

- *Versuch (trial):* In dieser Phase erfolgt eine erste Nutzung des Produktes, um sich von den Verwendungsmöglichkeiten und den Nutzenkomponenten zu überzeugen.

- *Übernahme/Adoption (adoption):* Diese Phase schließt mit dem Kauf des Produktes.

Kritisch ist allerdings bei der Strukturierung des Adoptionsprozesses anzumerken, daß die von Rogers beschriebenen Teilphasen nicht unabhängig voneinander und auch nicht in einer deterministischen Reihenfolge ablaufen müssen. Vielmehr können Phasen übersprungen werden oder Rückkopplungsmechanismen zu vorgelagerten Phasen bestehen. Auch herrscht Unklarheit darüber, unter welchen Bedingungen ein Phasenübergang zu einer anderen Stufe vollzogen wird (vgl. Fantapié Altobelli (1990), S. 27).

Die Richtung und Stärke einer inhaltlichen Auseinandersetzung mit einem Produkt haben zu einer Strukturierung von Adoptionsprozessen geführt, die die kognitiven und emotionalen Elemente einer Adoptionsentscheidung einbeziehen. Auf der einen Seite wird bei einem hohen kognitiven und emotionalen Element der potentielle Adoptor sehr genau die Kaufentscheidung unter Einbeziehung umfangreicher Informationen abwägen. Auf der anderen Seite fehlt bei einem zufälligen Adoptionsprozeß das emotionale und kognitive Element im Kaufentscheidungsprozeß (vgl. Kroeber-Riel (1992), S. 375 f.).

Für das Verhalten von potentiellen Adoptoren spielen die den Adoptionsprozeß beeinflußbaren produkt-, adoptor- und umweltspezifischen Einflußgrößen eine tragende Rolle. Insbesondere den produktspezifischen Determinanten, die den Nutzen eines Produktes wesentlich bestimmen können, kommt eine besondere Bedeutung zu. Es wird unterstellt, daß die Wahrscheinlichkeit einer Adoption durch die *Produktattribute* relativer Vorteil, Kompatibilität, Erprobbarkeit, Kommunizierbarkeit und durch eine geringe Komplexität beeinflußt werden (vgl. Rogers (1995), S. 206 ff.; vgl. Weiber (1992), S. 5 f.).

1. Der *relative Vorteil* spiegelt den als vorteilhaft wahrgenommenen Grad der Produktinnovation im Vergleich zur bisher verwendeten Alternative wider.

2. Als *Kompatibilität* wird der Grad der Übereinstimmung mit den bestehenden Werten, Erfahrungen und Bedürfnissen verstanden. Die Höhe der Kompatibilität bestimmt demnach die Adoptionsgeschwindigkeit.

3. Im Rahmen der *Erprobbarkeit* wird ein Grad der Risikoreduktion durch einen Vorabtest gemessen. Je stärker sich im Vorfeld eine Innovation testen läßt und je stärker die Erwartungen der potentiellen Adoptoren erfüllt werden, desto größer ist die Adoptionswahrscheinlichkeit.

4. Der wahrgenommene Grad der Vermittelbarkeit von Produktinnovationen wird durch die *Kommunizierbarkeit* beschrieben, die umso größer ist, je besser sich die Eigenschaften der Innovation den potentiellen Adoptoren vermitteln lassen.

5. Unter *Komplexität* wird der Schwierigkeitsgrad bei der Nutzung einer Innovation verstanden, der sich z.B. in der Höhe des Lernaufwands messen lässt. Eine geringe Komplexität spiegelt sich in einer hohen Adoptionsgeschwindigkeit wider.

Allerdings stellen die als „Rogers-Kriterien" bekannten *Produktattribute* eine sehr grobe Einteilung dar.[2] Zur Durchführung von empirischen Studien lassen diese sehr allgemeinen Konstrukte keine detaillierten Ergebnisse erwarten, so daß eine „maßgeschneiderte" Operationalisierung der Kriterien vorzunehmen ist (vgl. Kollmann (1998), S. 195 ff.; vgl. Krafft/Litfin (2002), S. 68 f.).

Neben den Produktattributen spielen sowohl adoptorspezifische Determinanten, die sich in *konsumentenbezogene*[3] Faktoren und *unternehmensbezogene* Faktoren unterscheiden lassen als auch *umweltspezifische* Determinanten der wirtschaftlichen, der technischen, der rechtlichen, der politischen und sozialen Umwelt eine wesentliche Rolle (vgl. Weiber (1992), S. 6 f.).

Die Adoptionskurve wird innerhalb der klassischen Diffusionstheorie durch eine normalverteilte Dichtefunktion angenähert (vgl. Rogers (1995), S. 262). Eng mit der Adoptionstheorie ist die Diffusionstheorie verbunden, die die kumulierten Einzelentscheidungen im Zeitverlauf untersucht (siehe Abbildung 2.1).

---

2 Weiterhin sind zur Erklärung der Adoptionsneigung eines potentiellen Adoptors u. U. die Beziehungen zwischen den verschiedenen Kriterien zu berücksichtigen. So betont Klophaus ((1995), S. 67) die hohe Bedeutung von Merkmalsbeziehungen, die den Verlauf des Adoptionsprozesses beeinflussen.

3 Hierunter wird die Identifikation von demographischen Merkmalen, Persönlichkeitsmerkmalen und Merkmalen des sozialen Verhaltens verstanden (vgl. Fantapié Altobelli (1990), S. 27 f.). Einen großen Einfluß auf das Entscheidungsverhalten wird der Rolle des Meinungsführers zugeschrieben, der damit maßgeblich den Adoptionsprozeß beeinflussen kann (vgl. Rogers (1995), S. 281 ff.).

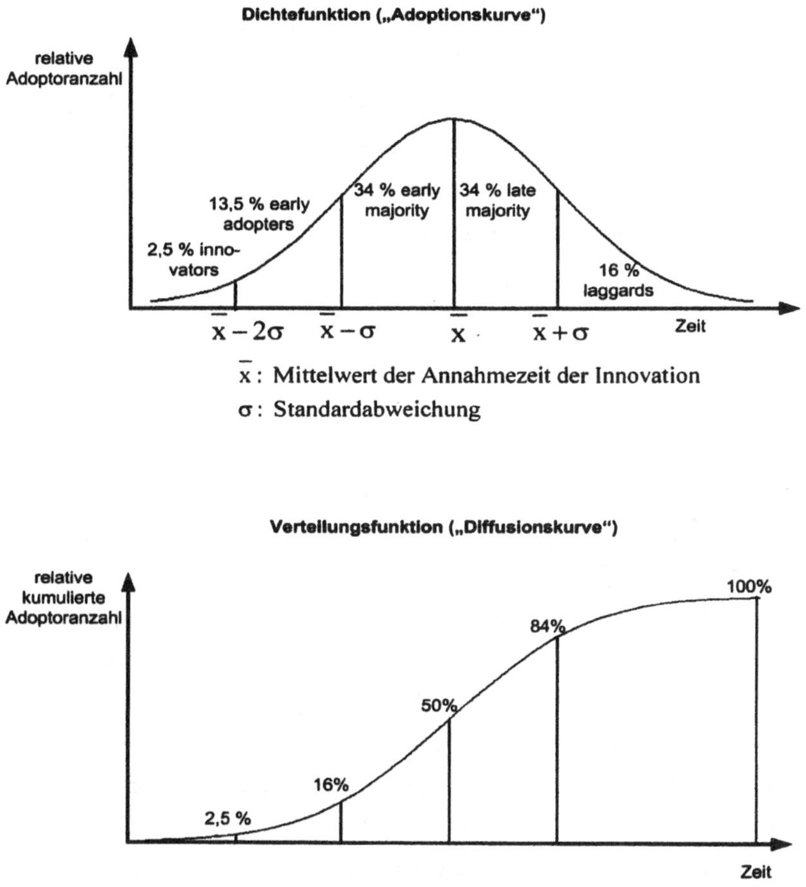

Abbildung 2.1: Adoptions- und Diffusionskurve (klassische Betrachtungsweise), in Anlehnung an Rogers ((1995), S. 262)

Die Übernahmeentscheidungen erfolgen im Adoptionsprozeß zu unterschiedlichen Zeitpunkten. Zur Beschreibung dieser zeitversetzten Auswahlentscheidung haben sich die von Rogers formulierten Adoptor-Kategorien durchgesetzt (vgl. Rogers (1995), S. 252 ff.): 1. Innovatoren („innovators"), 2. Frühe Übernehmer („early adopters"), 3. Frühe Mehrheit („early majority"), 4. Späte Mehrheit („late majority"), 5. Nachzügler („laggards").

2.1.2 Kritische Betrachtung

Die der Adoptionskurve unterstellte Dichtefunktionen kann durch die Kenngrößen Mittelwert und Standardabweichung eindeutig beschrieben werden. Eine zeitliche Zuordnung der einzelnen Adoptoren kann nach Abbildung 2.1 erfolgen. Gemäß dieser Kategorisierung wird der Diffusionsprozeß durch die Innovatoren begonnen, denen die frühen Übernehmer folgen. Nachdem die Nachzügler adoptiert haben, gilt der Adoptionsprozeß über alle Kategorien als abgeschlossen. Wird diese sukzessive Abfolge unterstellt, so gilt es aus Sicht des Marketingmanagements, die Innovatoren zu identifizieren und mit zielgruppenspezifischen Marketing-Mix Strategien anzusprechen, die den Diffusionsprozeß anstoßen. Eine allgemeingültige produktunabhängige Charakterisierung der *Innovatoren* konnte allerdings bisher noch nicht ermittelt werden (vgl. Fantapié Altobelli (1990), S. 28).

Weiterhin muß konstatiert werden, daß die dem Adoptionsprozeß unterstellte Dichtefunktion in der Realität kaum gegeben ist. Realistischer ist die Annahme, daß die Abfolge jeder Produktinnovation durch einen eigenen charakteristischen Diffusionsverlauf beschrieben wird, der nicht notwendigerweise einer Normalverteilung entspricht, denn *„...bewußt gesteuerte Diffusionen werden folgerichtig nicht automatisch glockenförmig verlaufen."* (Gierl (1992), S. 382). Wegen der Komplexität der Diffusionsprozesse weist Speth ((2000), S. 4) zurecht darauf hin, daß *„...selbst an Hand bestimmter Kriterien als gleichartig einzustufende Diffusionsverläufe nicht zwangsläufig immer die gleiche Entwick-*

lung nehmen müssen". Das bedeutet wiederum auch, daß u. U. Rückbildungsprozesse bei nicht erfolgreicher Markteinführung beobachtet werden können, die in der klassischen Betrachtungsweise nicht darstellbar sind.

Auch die marketingpolitische Differenzierung zwischen Innovatoren und frühen Übernehmern ist kritisch zu betrachten, da sich diese Adoptor-Kategorien zeitlich kaum unterscheiden. Zudem schränkt die Annahme gleicher „Übernahmevoraussetzungen" bei den Mitgliedern im sozialen System, die in der Realität kaum gegeben ist, die Aussagekraft dieser Klassifizierungsart weiter ein (vgl. Pechtl (1991), S. 18).

Im Gegensatz zur klassischen Diffusionstheorie, die davon ausgeht, daß früher oder später alle Mitglieder des sozialen Systems die Innovationen adoptieren, ist speziell bei Technologien[4] eine differenziertere Betrachtungsweise angebracht. Hauptsächlich auch deshalb, da sich ein potentieller Adoptor auch gegen eine Technologie entscheiden kann. Das Entscheidungsverhalten in bezug auf Technologien ist in Abbildung 2.2 dargestellt.

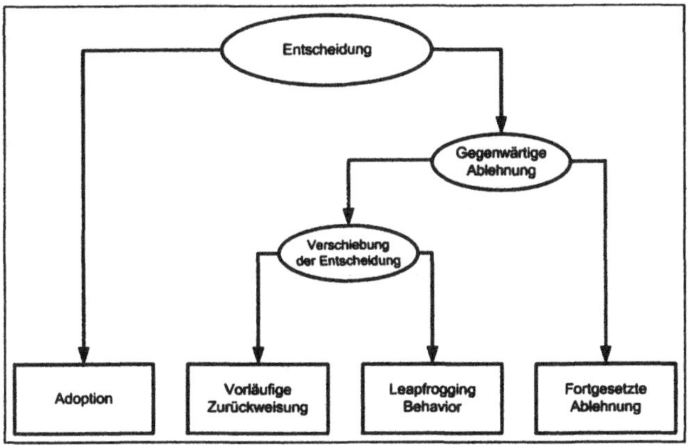

Abbildung 2.2: Mögliche Ergebnisse des Entscheidungsprozesses, in Anlehnung an Weiber/Pohl ((1996), S. 1207)

---

4 Um das Kaufverhalten von Technologien unterscheiden zu können, wird in der Literatur eine Aufteilung in Alttechnologie, Neutechnologie und Zukunftstechnologie vorgenommen (vgl. Pohl (1996), S. 79 f.).

Wird der Adoptionsprozeß bewußt abgebrochen, kann dieses Verhalten als *fortgesetzte Ablehnung* charakterisiert werden, die die spätere Aufnahme des Adoptionsprozesses in bezug auf eine zukünftige Innovation ausschließt (vgl. Pohl (1996), S. 82 f.; vgl. Weiber/Pohl (1996), S. 1206 f.).

Verschiebt der Nachfrager die Adoptionsentscheidung in die Zukunft, d.h. wird eine gegenwärtig verfügbare Innovation auf einen späteren Zeitpunkt verschoben, dann kann dieses Verhalten als eine *vorläufige Zurückweisung* beschrieben werden. Der Nachfrager kann prinzipiell in den Adoptionsprozeß später wieder einsteigen, wenn sich die aus seiner Sicht vorherigen Ablehnungsgründe zu seiner Zufriedenheit geändert haben (vgl. Pohl (1996), S. 85 f.; vgl. Weiber/Pohl (1996), S. 1208).

Ein weiteres und in jüngster Zeit verstärkt in der Marketingliteratur im Zusammenhang mit technologischen Innovationen zu beobachtendes Nachfrageverhalten ist das *Leapfrogging-Behavior*[5]. Der potentielle Konsument entscheidet sich bewußt gegen den Kauf der aktuell am Markt verfügbaren Technologie und verschiebt seine Kaufentscheidung auf eine zukünftige Technologiegeneration .[6] Weiber und Pohl ((1996), S. 1205) beschreiben Leapfrogging-Behavior als *„...das bewußte und freiwillige Überspringen des gegenwärtig am Markt verfügbaren neuesten Produktes und die Verschiebung der Kaufentscheidung auf eine in der Zukunft erwartete Produktgeneration ..., die in der subjektiven Wahrnehmung des Nachfragers durch eine verbesserte Leistungsfähigkeit gekennzeichnet ist“.* Die im Zusammenhang mit Technologien vorgestellten Ergebnisse von Adoptionsprozessen sind in der klassischen Betrachtungsweise ebenfalls nicht integriert.

5 Wörtlich übersetzt heißt „to leapfrog“ Bockspringen und meint zunächst das Überspringen von Produktgenerationen. Zu Leapfrogging siehe auch bei Büschken ((2003), S. 5 ff.) und Gierl ((1997), S. 1077 ff.).

6 Nicht nur auf Nachfragerseite ist dieses Verhalten zu beobachten, auch auf Anbieterseite ist Leapfrogging-Behavior zu erkennen, indem die Entwicklung einer innovativeren Technologie vorangetrieben wird, anstatt sich auf die Weiterentwicklung der aktuellen Technologie zu konzentrieren (vgl. Pohl (1996), S. 8).

Auch für die Beschreibung von Adoptions- und Diffusionsprozessen bei Netzeffektgütern ist eine besondere Berücksichtigung der Spezifika (siehe hierzu die Punkte bei Weiber ((1992), S. 141)) dieser Güterkategorie erforderlich, die mit den klassischen Ansätzen nicht ausreichend beschrieben werden können. Nicht zuletzt auch deshalb, weil Netzeffektgüter häufig Technologien darstellen, für die die oben genannten Charakteristika im Zusammenhang mit Adoptionsprozessen gelten. Daher soll zunächst diese Güterkategorie für die Entwicklung eines netzeffektbasierten Diffusionsmodells näher untersucht werden.

2.2 Beschreibung von Netzeffekten

Als Netzeffekteigenschaft[7] können *ganz allgemein* diejenigen Phänomene bezeichnet werden, bei denen die Kaufentscheidung eines Produktes nicht unabhängig vom Entscheidungsverhalten der anderen Konsumenten am Markt getroffen wird (vgl. Thum (1995), S. 5). Netzeffekte oder auch „Network Externalities“[8] beschreiben demnach die Auswirkungen der Teilnahme einer Person an dem übrigen Netzwerk, wobei diese „Externalitäten“ sowohl positive als auch negative Formen annehmen können (vgl. Zerdick et al. (2001), S. 157).

Im Zusammenhang mit positiven Externalitäten beschreibt Shy ((2001), S. 17) *„Consumers' preferences are said to exhibit network externalities if the utility of each consumer increases with the increase in the total number of consumers purchasing the same or a compatible brand.“*. Diese Form der *positiven* Netzeffekte kommt vor allem bei Telekommunikationseinrichtungen (z.B. Festnetztelefonie, Mobiltelefonie) vor, bei der sich der Nutzen eben durch diese größere Teilnehmeranzahl in einer hohen Vielfalt von Kommunikationsmöglichkeiten zwischen den Teilnehmern äußert. Demnach hängt die Nachfrage nach Netzeffektgütern nicht ausschließlich von originären Nutzenbestandteilen

---

7 In der Literatur wird häufig anstatt Netzeffekteigenschaft auch Netzwerkeigenschaft gebraucht (vgl. Thum (1995), S. 5). In der vorliegenden Arbeit wird ausschließlich der Begriff Netzeffekteigenschaft verwendet.

8 Zu „Network Externalities“ siehe vor allem bei Katz/Shapiro (1986, 1992, 1994).

ab, sondern die aktuelle Größe und die Erwartung einer in die Zukunft gerichteten Teilnehmerentwicklung werden entscheidende Einflußfaktoren sein (vgl. Friedrich (2000), S. 16 f.).

Gerade in diesen physischen Netzwerken können aber auch *negative* Externalitäten auftreten, wenn ein Netz (z.B. Telefonnetz) an die Kapazitätsgrenzen stößt, so daß die Nutzungsmöglichkeiten, z.B. durch erhöhte Warte- oder Bearbeitungszeiten, verringert werden (vgl. Thum (1995), S. 6). Dabei ist es für die Nutzenmodellierung von Netzeffektgütern sehr wichtig, den signifikanten Anteil des Netznutzens am Gesamtnutzen zu bestimmen, der sowohl die positiven als auch die negativen Externalitäten integriert.

Die Eigenschaften von Netzeffekten führen dazu, daß nicht mehr der Wert eines Gutes aus der Knappheit resultiert, d.h. der Wert eines Gutes sinkt aufgrund zunehmender Verbreitung bei anderen Personen (negative Feedbacks), sondern der Wert steigt aufgrund zunehmender Verbreitung. Aus diesen negativen Feedbacks der traditionellen Ökonomie werden in Märkten mit Netzeffekten, wie es z.B. in der Internet-Ökonomie der Fall ist, positive Feedbacks. Diese „increasing returns“ resultieren aus eben diesen Netzeffekten, die grundsätzlich in *direkte* und *indirekte* Netzeffekte unterteilt werden können (vgl. Zerdick et al. (2001), S. 158 f.; vgl. Weiber (2002), S. 279 f.).

2.2.1 Arten von Netzeffekten

Es können zwei Arten von Netzeffekten unterschieden werden, die im Folgenden näher erläutert werden.

Als *direkte* Netzeffekte können nach Schoder ((1995), S. 10 f.) diejenigen Effekte beschrieben werden, die nachfrageseitig bedingte positive Anwenderexternalitäten darstellen, die aus einer zunehmenden Nutzeranzahl resultieren. Sie entstehen grundsätzlich erst mit der Nutzung des entsprechenden (kompatiblen) Gutes und resultieren unmittelbar aus einem *technischen* Netzwerk (z.B. bei Telekommunikationseinrichtungen). Der Nutzen bei Gütern mit direkten Netzeffekten resultiert daher aus der Anzahl der Kommunikationsbeziehungen nach Metcalfe´s Law[9] zu anderen Teilnehmern, wobei der eigentliche Netzeffekt aus dem kumulierten „Netzeffektnutzen" bei jedem weiteren Teilnehmer entsteht. Durch den derivativen Nutzen, der aus der Größe des Netzwerkes resultiert, wird nicht nur das physische Produkt (z.B. Telefon), sondern vielmehr der Zugang zu diesem Netzwerk gekauft (vgl. Zerdick et al. (2001), S. 157 f.; vgl. Schoder (1995), S. 10 f.; vgl. Weiber (2002), S. 280 f.).

Auf der anderen Seite können auch Netzeffekte entstehen, die nicht direkt zwischen den Teilnehmern des Netzwerkes, sondern eher in einer *indirekten* Form durch komplementäre Güter (z.B. Hardware und Software) am Markt über ein mittelbares *fiktives* Netzwerk entstehen (vgl. Schoder (1995), S. 11; vgl. Thum (1995), S. 8 f.). Güter mit indirekten Netzeffekten liegen meist dann vor, wenn *„...mehrere Güter auf Grund ihrer Kompatibilität und ihres komplementären Charakters in einer Vermarktungs- und Nutzenbeziehung stehen, wodurch solche Güter ein fiktives Netzwerk zwischen den Nachfragern bilden."* (Weiber (1992), S. 16). Das Angebot von verfügbaren komplementären Gütern (z.B. Softwareprodukte) am Markt wird bestimmt aus der Anzahl der Teilnehmer (Installierte Basis), die sich für eine bestimmte Architektur (z.B. Hardwareplattform) entscheiden. Die verbreitete Installierte Basis bewirkt nicht

---

[9] Für die Anzahl der Kommunikationsbeziehungen bei n Teilnehmern gilt: $n \cdot (n-1)$.

nur eine größere Vielfalt an Komplementärgütern, sondern auch eine Preisreduktion aufgrund geringer Herstellungskosten (vgl. Friedrich (2000), S. 20).[10] Indirekte Netzeffekte resultieren nach Weiber ((1992), S. 17) vor allem aus:

- einer erhöhten Substituierbarkeit zwischen den komplementären Gütern;
- einer Erweiterung des Servicenetzes (z.B. durch Wartungs- und Reparaturdienste);
- einer Herausbildung von Standards.

2.2.2 Güterabgrenzung

Zur Abgrenzung von Netzeffektgütern wird im Folgenden auf die Ansätze von Schoder ((1995), S. 10ff.) und Röck ((2000), S. 34 ff.) eingegangen.

2.2.2.1 Abgrenzung nach Schoder

Als Netzeffektgüter werden diejenigen Güter bezeichnet, die sich von Singulärgütern zum einen durch direkte und indirekte Netzeffekte und zum anderen durch originäre bzw. derivative Nutzenkomponenten voneinander unterscheiden (vgl. Schoder (1995), S. 10 ff.).

Als *Singulärgüter* werden Güter bezeichnet, die sich ausschließlich durch ihren originären Produktnutzen auszeichnen, der aus der Beschaffenheit und dem Verwendungszweck bestimmt wird (z.B. Fahrrad, Waschmaschine). Der Nutzen entsteht dabei unabhängig vom Verbreitungsgrad gleichartiger oder komplementärer Güter. Als *Netzeffektgüter i.e.S.* werden nach Schoder ((1995), S.

[10] Als weitere indirekte Netzeffekte führt Thum ((1995), S. 9 f.) noch zusätzlich Lerneffekte und technologische Nähe an. Auch Unsicherheiten können zu Interdependenzen zwischen den Konsumenten führen, die dann entstehen können, falls unklar ist, ob auch in Zukunft komplementäre Güter für diese Technologie am Markt existieren.

11) Güter bezeichnet, die neben dem originären Nutzen noch einen derivativen Nutzen besitzen, der aus dem Verbreitungsgrad von Komplementärgütern am Markt bestimmt wird. Als *Systemgüter* werden diejenigen Güter bezeichnet, die ausschließlich einen Derivatnutzen aufweisen und deren Nutzen durch eine zunehmende Teilnehmeranzahl vergrößert wird.[11] Eine Übersicht über die Güterkategorisierung zeigt Tabelle 2.1.

Charakterisierungsmerkmale	**Güterkategorien**		
	Singulärgüter	**Netzeffektgüter**	
		Netzeffektgüter i.e.S.	*Systemgüter*
Netzeffekte:			
keine	✓		
indirekte		✓	
direkte			✓
Produktnutzen:			
originär	✓	✓	
derivativ		✓	✓
Beispiele	Kühlschrank,	DVD, CD	Festnetz-
	Wasch-,		telefon, E-Mail,
	maschine		Mobiltelefon

Tabelle 2.1: Güterkategorien, in Anlehnung an Schoder ((1995), S. 13)

11 Schoder ((1995), S. 13) unterteilt Netzeffektgüter in Netzeffektgüter i.e.S. und Systemgüter. Weiber ((1992), S. 16 f.) charaktersiert Güter, die ausschließlich durch indirekte Netzeffekte gekennzeichnet sind als Netzeffektgüter, während Systemgüter ausschließlich direkte Netzeffekte aufweisen. Systemgüter werden bei Weiber ((1992), S. 19) auch als Kritische-Masse-Systeme bezeichnet.

2.2.2.2 Abgrenzung nach Röck

In vielen Fällen können bestimmte Netzeffektgüter nicht eindeutig in Netzeffektgüter i.e.S. oder Systemgüter eingeteilt werden. Vielmehr sind direkte und indirekte Netzeffekte zeitgleich wirksam (vgl. Thum (1995), S. 5). Als Beispiel ist der Computer zu nennen, der bei einer Vernetzung direkte Netzeffekte durch Interaktionsbeziehungen zu anderen Nutzern (z.B. durch E-Mail, Videokonferenz etc.) aufweist. Solange keine Vernetzung erfolgt, wird die Kaufentscheidung im Wesentlichen durch die Verfügbarkeit von komplementären Gütern (z.B. Software, Fachliteratur etc.) bestimmt. Diese *Mischform* wird bei Röck ((2000), S. 34 f.)) als eine zusätzliche Kategorie angesehen. Die Kategorisierung erfolgt nicht nur anhand von direkten und indirekten Effekten. Zusätzlich werden Netz-, Zugangs- und Inhaltsbestandteile als Einteilungskriterien benötigt (siehe Abbildung 2.3).

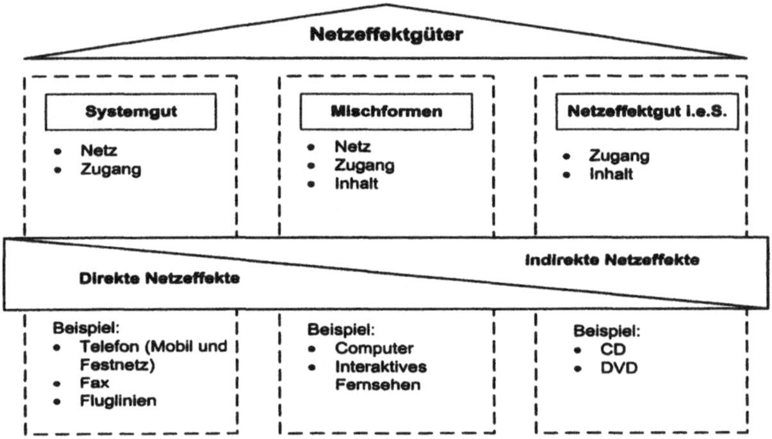

Abbildung 2.3: Einteilung der Güterkategorien, in Anlehnung an Röck ((2000), S. 35)

Systemgüter verfügen über einen Zugangs- und Netzbestandteil. Von den Zugangsbestandteilen, die den Zugang zum Netz ermöglichen, sind Netzbestandteile zu unterscheiden, die eine Interaktion über das eigentliche physische Netz ermöglichen. Das mobile Endgerät eines Mobilfunknetzes stellt den Zugangsbestandteil dar, während die einzelnen Netzbestandteile (z.B. MSC (Mobile Switching Centre, BTS (Base Transceiver Station)) das Mobilfunknetz charakterisieren.

Neben den Zugangs- und Netzbestandteilen kommt der Inhaltsbestandteil als weiteres Merkmal bei der Kategorie *Mischformen* hinzu, den der Nutzer als standardisierte Inhalte, wie z.B. die Inhalte von Webseiten, nutzen kann. Eine komplementäre Produktbeziehung bilden die Zugangs- und Inhaltsbestandteile, so daß der Nutzen zum Internetzugang in einer komplementären Beziehung von der Vielfalt und Qualität der verfügbaren Webseiten oder Diensten abhängt.

Die Zugangs- und Inhaltsbestandteile, die *Netzeffektgüter i.e.S.* beschreiben, stehen in einer komplementären Beziehung. Das äußert sich z.B. bei dem Gut „CD" darin, daß die CD den Inhaltsbestandteil beschreibt und der CD-Player als Zugangsbestandteil genutzt wird.

2.2.2.3 Kritische Anmerkung zur Güterabgrenzung

Die strikte Einteilung der Güter in Singulärgüter und Netzeffektgüter würde als Konsequenz bedeuten, daß Singulärgüter praktisch überhaupt keine Netzeffekte aufweisen und somit unabhängig vom Verbreitungsgrad bzw. unabhängig von indirekten Einflüssen sind. Diese strikte Trennung ist in der Praxis nicht aufrechtzuhalten.

Erfahrungen der bisherigen Adoptoren[12] können einen signifikaten Einfluß auf die Adoptionsentscheidung der potentiellen Adoptoren ausüben, insbesondere um die Erfahrungen anderer, die die Innovation bereits nutzen, zur Reduktion von Unsicherheiten zu nutzen. Darüber hinaus spielt sozialer Druck, der von den bisherigen Adoptoren auf die potentiellen Adoptoren ausgeübt werden

12 Auch als *Word of Mouth* bezeichnet.

kann, bei der Adoptionsentscheidung eine nicht untergeordnete Rolle (vgl. Felten (2001), S. 10 f.).

Aus diesen Gründen wird deutlich, daß es praktisch kaum ein Gut gibt, bei dem nicht zumindest geringe indirekte Einflußfaktoren vorkommen. Zu einem ähnlichen Schluß kommt auch Schoder ((1995), S. 12), der zur Kategorisierung von „Singulärgütern" diejenigen Güter zählt, bei denen *„...Netzeffekte einen geringeren, bzw. vernachlässigbaren Einfluß auf die Adoptionsentscheidung und damit schließlich auf die Diffusion haben...".*

In dieser Arbeit werden unter *Netzeffektgütern* ganz allgemein diejenigen Güter verstanden, die auf der einen Seite sowohl direkte Netzeffekte (als *Systemgüter*) als auch indirekte Netzeffekte (als *Netzeffektgüter i.e.S.*) abbilden. Auf der anderen Seite werden *Mischformen* betrachtet, die je nach Anwendungsbezug sowohl den Systemgütern als auch den Netzeffektgütern i.e.S. zuzuordnen sind.

2.2.3 Besonderheiten der Ausbreitungsentwicklung

2.2.3.1 Kritische Masse

Ganz allgemein kann der „Kritische-Masse-Punkt"[13] als ein Schwellenwert verstanden werden, ab dem eine Innovation zum „Selbstläufer" wird. Rogers ((1995), S. 313) definiert *„The critical mass occurs at the point at which enough individuals have adopted an innovation so that the innovation's further rate of adoption becomes self-sustaining".* Das schnelle Überschreiten eines bestimmten Schwellenwertes spielt vor allem bei Netzeffektgütern mit direkten Netzeffekten (Systemgütern) im Diffusionsverlauf eine entscheidende Rolle. Während in der klassischen Diffusionstheorie das Überschreiten eines Schwellenwertes (oder auch Kritischen Masse Punktes) vor allem auf Imitationsprozesse

[13] In der Physik bedeutet der Begriff die kleinste Masse an Spaltstoff, die vorhanden sein muß, um eine Kettenreaktion aufrechtzuerhalten. Diese Masse kann in der Physik sehr genau bestimmt werden.

zurückzuführen ist, muß der Kritische-Masse-Begriff bei Netzeffektgütern mit direkten Netzeffekten (Systemgüter) etwas differenzierter gesehen werden (vgl. Weiber (1992), S. 62 f.).

Für Systemgüter spielt die Größe des Anwenderkreises eine entscheidende Rolle. Fällt die Anwenderzahl zu klein aus, kann der Nutzen aufgrund zu geringer Interaktionsmöglichkeiten sinken, wodurch der Adoptor seine Nutzung einstellt und sich die Innovation zurückbildet. Wird in umgekehrter Richtung eine bestimmte Mindestanzahl an Teilnehmern überschritten, so steigt aufgrund des höheren Derivatnutzens die Anwenderzahl, und es ist zu erwarten, daß sich aufgrund der steigenden Anwenderzahl langfristig der Markterfolg einstellt. Die Mindestanzahl an Teilnehmern, die bei Netzeffektgütern mit direkten Netzeffekten erforderlich ist, damit sich ein ausreichender Nutzen *innerhalb* eines Anwenderkreises entwickeln kann, wird daher als *Kritische Masse* bezeichnet (vgl. Weiber (1992), S. 19). Der Kritische-Masse-Punkt kann als ein Wendepunkt angesehen werden, bei der die Diffusion von der Instabilitätsphase in die Stabilitätsphase übergeht. Allerdings ist dieser Wendepunkt nicht im mathematischen Sinne zu interpretieren, sondern er soll vielmehr einen Bereich angeben, der den Übergang in die Stabilitätsphase beschreibt. Wird einerseits der Kritische-Masse-Punkt nicht erreicht, kann es zu einem Rückgang oder zum Scheitern der Innovation kommen. Andererseits geht beim Überschreiten des Schwellenwertes die Diffusion in eine Stabilitätsphase über (vgl. Weiber (1992), S. 72).

Die Bestimmung eines konkreten Wertes der Kritischen Masse bei Systemgütern ist allerdings kritisch zu sehen. So läßt sich der Schwellenwert in vielen Fällen nur mit einer hohen Schwankungsbreite angeben (vgl. Weiber (1992), S. 64). Vielmehr kann im Rahmen der Diffusionsentwicklung nicht von *dem* Kritischen-Masse-Punkt gesprochen werden, sondern die Kritische Masse ist individueller bzw. zielgruppenspezifischer zu sehen.

Ein individueller Grad zur Teilnahme an einen Systemgut kann nach Weiber ((1992), S. 65 f.) durch einen *Aktivierungsgradienten* bestimmt werden, der sich aus einer subjektiv wahrgenommenen „ausreichenden Teilnehmerzahl" und aus dem subjektiv gewichteten „Attraktivitätseffekt" des Systems zusammensetzt und individuell verschieden sein kann. Die Höhe des Aktivierungsgradienten[14] bestimmt den Adoptionszeitpunkt und determiniert demnach die Diffusionsgeschwindigkeit. Da von einer ungleichen Verteilung von hohen und niedrigen Aktivierungsgradienten ausgegangen werden kann, adoptiert ein Teil der potentiellen Adoptoren früher, ein anderer Teil später. Es ist demzufolge für einen erfolgreichen Diffusionsverlauf entscheidend, die Diskontinuitäten in den Aktivierungsgradienten zu nivellieren. Im Zusammenhang mit Systemgütern stellt nach Weiber ((1992), S. 68) *„...die Kritische Masse diejenige Höhe der Installierten Basis dar, ab der sich der Aktivierungsgradient kontinuierlich entwickelt und Häufungen von Personen mit gleichen Aktivierungsgradienten auftreten, wodurch sich die Entscheidung zur Teilnahme an einem Kritischen Masse-System in einer Kettenreaktion quasi epidemisch über ein soziales System ausbreitet."*

Nach Weiber ((1992), S. 69 f.) lassen sich einzelne Diffusionsdeterminanten nicht a priori als diffusionshemmend oder -fördernd charakterisieren, sondern unterliegen einer situationsspezifischen Betrachtungsweise, die es zu berücksichtigen gilt. Potentielle Adoptoren orientieren sich durchaus daran, welche Personen im persönlichen Umfeld bereits Adoptoren an einem Systemgut sind. Diese Betrachtungsweise führt dazu, daß die potentiellen Adoptoren die *individuellen* kritischen Massen subjektiv festlegen, wobei zu erwarten ist, daß intensive Kommunikationsbeziehungen innerhalb einer Kommunikationsgruppe gepflegt werden. Ein soziales System kann demnach in verschiedene Kommunikationsgruppen eingeteilt werden, die sich durch homogene Kommunikationsbedürfnisse innerhalb und unterschiedliche Kommunikationsbedürfnisse zwischen den Gruppen auszeichnen. Nach Weiber ((1992), S. 70) liegt eine

14 Je höher der Aktivierungsgradient ist, desto früher wird ein potentieller Adoptor adoptieren und desto höher ist die Diffusionsgeschwindigkeit.

Gruppenspezifische Kritische Masse vor „*...wo ausreichend viele Gruppenmitglieder mit hoher Wahrscheinlichkeit davon ausgehen, daß es in ihrem sozialen Umfeld bereits ausreichend viele Teilnehmer gibt oder in naher Zukunft geben wird, mit denen sie in Kontakt treten und damit Nachfragesynergien erzielen können*“. Im Rahmen der Herausbildung von *gruppenspezifischen* kritischen Massen lassen sich grundsätzlich zwei Fälle unterscheiden (vgl. Weiber (1992), S. 70 f.):

1. Sind die verschiedenen homogenen Kommunikationsgruppen unabhängig voneinander, d.h. existiert nur eine Kommunikationsbeziehung innerhalb einer Gruppe, findet keine intergruppenspezifische Diffusion statt. Es ist in diesem Fall davon auszugehen, daß für den Diffusionsverlauf keine gemeinsame gesamte Kritische Masse existiert.

2. Für den Fall einer Intragruppenkommunikation muß sowohl die Kritische Masse innerhalb einer Kommunikationsgruppe überschritten sein als auch eine Ausdehnung zwischen den Gruppen erreicht werden. Für einen erfolgreichen Diffusionsverlauf ist demnach eine Kaskadierung[15] der *gruppenspezifischen* kritischen Massen von elementarer Bedeutung.

[15] Für die Nutzung von unterschiedlichen kritischen Massen zur Sicherung des Markterfolgs siehe bei Voeth ((2003), S. 266).

2.2.3.2 Kompatibilität und Installierte Basis

Für Systemgüter, die ausschließlich einen Derivatnutzen besitzen, stellen die möglichen Kommunikationsbeziehungen für potentielle Adoptoren ein entscheidendes Charakteristikum dar. Die Anzahl der Kommunikationsbeziehungen ist umso größer, je mehr Teilnehmer sich für die Nutzung eines Systemgutes entschieden haben. Die *Installierte Basis*, die die Summe von Teilnehmern zu einem bestimmten Zeitpunkt darstellt und einen eigenen Nutzenbeitrag liefert, kann als ein zentrales Charakteristikum beschrieben werden, das einen entscheidenden Einfluß auf die Diffusionsgeschwindigkeit ausübt (vgl. Weiber (1992), S. 50 f.; Speth (2000), S. 156).

Im engen Zusammenhang mit der Installierten Basis ist die Kompatibilität[16] zu anderen Produkten zu sehen. Je mehr Systeme zueinander kompatibel sind, je größer wird auch die daraus resultierende Anzahl von Kommunikationsbeziehungen zwischen den Teilnehmern und damit auch die Installierte Basis (vgl. Weiber (1992), S. 51). Die Größe der Installierten Basis setzt sich demnach nicht nur aus der Summe von Teilnehmern eines bestimmten Kommunikationssystems zusammen, sondern es können auch alle Teilnehmer erreicht werden, die ebenfalls einen kompatiblen Zugang zu diesem System haben.

Dabei kann zwischen *direkter* und *indirekter* Kompatibilität unterschieden werden. *Direkte* Kompatibilität liegt dann vor, wenn zwei verschiedene Systemtechnologien (z.B. bei Telekommunikationssystemen: Festnetz und Mobilfunk) interaktiv zusammenarbeiten. Eine *indirekte* Kompatibilität zwischen den Systemtechnologien entsteht, wenn auf gleiche Systemkomponenten zugegriffen werden kann, ohne dabei in Interaktionsbeziehung zu stehen. Eine weitere Unterteilung in *einseitige* und *wechselseitige* Kompatibilität trägt dazu bei, die Frage der einseitigen oder wechselseitigen Nutzung der Installierten Basis von zwei Systemtechnologien zu beantworten. Liegt eine einseitige Kompatibilität vor, dann kann z.B. die eine Systemtechnologie die Installierte Basis

[16] Zum Einfluß der Kompatibilität auf die Zahlungsbereitschaft der Konsumenten und der Wettbewerbsintensität siehe Wiese ((1998), S. 17 ff.).

der anderen nutzen, aber nicht in umgekehrter Richtung. Bei wechselseitiger Kompatibilität wird die Installierte Basis der einen Technologie jeweils der anderen zu Gute kommen (vgl. Weiber (1992), S. 51 ff.). Die verschiedenen Formen der Kompatibilität zeigt Abbildung 2.4.

	Einseitige Kompatibilität	**Wechselseitige Kompatibilität**
Direkte Kompatibilität	• Einseitiger Rückgriff einer Systemtechnologie auf die Teilnehmer des zu ihm kompatiblen Systems • Einseitige Nutzung der Installierten Basis • Beispiel: Pager	• Wechselseitiger Rückgriff der Systemtechnologien auf die Teilnehmer der jeweils anderen Systemtechnologie • Wechselseitige Nutzung der Installierten Basis • Beispiel: Festnetz, Mobilfunk
Indirekte Kompatibilität	• Einseitiger Rückgriff einer Systemtechnologien auf Systemkomponenten des zu ihm kompatiblen Systems • Einseitige Nutzung der Installierten Basis • Beispiel: Elektronische Überweisungen mittels PC	• Identische Systemkomponenten können in beiden Systemtechnologien genutzt werden • Wechselseitige Nutzung der Installierten Basis • Beispiel: PC mit integrierter Kommunikationseinheit (eMail, VoIP, Fax)

Abbildung 2.4: Abhängigkeiten zwischen den verschiedenen Kompatibilitätskategorien, in Anlehnung an Speth ((2000), S. 42)

1. Bei *direkter wechselseitiger* Kompatibilität ist ein unmittelbarer Informationsaustausch zwischen den beiden Systemtechnologien möglich, wobei jede Technologie in gleichem Maße die Installierte Basis der anderen Technologie nutzen kann. Als Beispiel läßt sich die Technologie des Festnetzes und die Technologie des Mobilfunks anführen. Die Teilnehmer des Festnetzes können mit den Teilnehmern des Mobilfunks in wechselseitiger Richtung miteinander kommunizieren.

2. Eine *direkte einseitige* Kompatibilität ist dann gegeben, wenn das eine System mit dem anderen in einer interaktiven Beziehung steht, aber nicht in umgekehrter Richtung. Das bedeutet, daß das direkt einseitig kompatible System die Installierte Basis des zu ihm kompatiblen Systems nutzt. Als Beispiel läßt sich Paging (deutsch: Funkruf) anführen, das keine Nachrichten versendet, sondern nur empfangen kann. Paging kann z.B. dort eingesetzt werden, wo Informationen (z.B. Nachrichten, Börsenkurse) oder wichtige Mitteilungen (z.B. in Krankenhäusern, Feuerwehren) auf einem kleinen Endgerät verfügbar gemacht werden.

3. Die *indirekt einseitige* Kompatibilität zielt vor allem darauf ab, einen Startvorteil bei der Markteinführung einer neuen Systemtechnologie zu erzielen, der darin besteht, daß das Endgerät einer etablierten Technologie weiterhin genutzt werden kann. Die Teilnehmer der etablierten Technologie erzielen einen Vorteil darin, daß zur Nutzung der neuen Technologie kein neues Endgerät angeschafft werden muß. Als Beispiel kann das Online Banking angeführt werden. Elektronische Überweisungen waren vorher nur von einem SB-Terminal aus möglich. Durch eine entsprechende Erweiterung der Kompatibilität ist Online Banking auch von jedem PC aus möglich.

4. Bei *indirekt wechselseitiger* Kompatibilität können gleiche Systemkomponenten in verschiedenen Systemtechnologien gleichzeitig genutzt werden. Als Beispiel läßt sich der PC mit integrierter Kommunikationseinheit verstehen, der E-Mail, VoIP und Fax miteineinander verknüpft. Durch diese integrierte Verknüpfung dient der PC als Endgerät für unterschiedliche kritische Massen, so daß die vorhandene Installierte Basis der einen Systemtechnologie von der anderen genutzt werden kann.

Der Nutzen eines Systemgutes steigt mit der Anzahl der angeschlossenen Teilnehmer, so daß der Nutzen mit der Installierten Basis wächst und sich aus folgenden Effekten zusammensetzt (vgl. Weiber (1992), S. 58 f.; vgl. Schoder (1995), S. 53 f.):

- Die *Anschlußzahl* steht im direkten Zusammenhang mit den Kommunikationsmöglichkeiten eines Systemgutes, d.h. es besteht ein direkter Netzeffekt.

- Der Nutzen eines Telekommunikationsgutes hängt entscheidend von der *Nutzungsintensität* ab, die den Grad der regelmäßigen Nutzung eines Telekommunikationssystems beschreibt (z.B. durchschnittliche Geprächsdauer eines Telefongesprächs).

- Im Zusammenhang mit der Nutzenbetrachtung spielt der *Inkompatibilitätseffekt* zwischen den Systemen eine entscheidende Rolle. Herrscht weitgehend eine Konkurrenzbeziehung zwischen den inkompatiblen Systemen, resultiert ein Inkompatibilitätseffekt vor allem daraus, daß ein Wechsel von einem zu einem anderen System mit hohen Wechselkosten verbunden ist. Dieser Effekt kann durch eine hohe wechselseitige Kompatibilität zwischen den Systemen reduziert werden.

2.2.3.3 Rückkopplungseffekte

Da die Kritische Masse gruppenspezifisch unterschiedlich ausfallen kann, beschreibt sie eine eher relative Größe. Obwohl der Schwellenwert der Kritischen Masse - bei gruppenspezifischen kritischen Massen können auch mehrere Schwellenwerte existieren - nicht exakt bestimmt werden kann, erfolgt die Einteilung von Diffusionsverläufen anhand dieses Wendepunktes in eine Instabilitäts- und eine Stabilitätsphase. Während in der *Instabilitätsphase* noch die Gefahr besteht, daß durch negative Rückkopplungsmechanismen ein langfristig erfolgreicher Verlauf ausbleibt, übt in der *Stabilitätsphase* vor allem eine vergrößerte Installierte Basis einen positiven Einfluß auf die weitere Entwicklung aus (vgl. Weiber (1992), S. 72 f.).

Durch Rückkopplungsmechanismen werden auf der einen Seite potentielle Adoptoren von denjenigen beeinflusst, die das Gut bereits adoptiert haben. Auf der anderen Seite ist die Adoptionsentscheidung maßgeblich von der Erwartungshaltung hinsichtlich des Adoptions- und Nutzungsverhaltens der nachfolgenden Adoptoren abhängig. Je positiver diese antizipierte Erwartungshaltung ausfällt, desto eher wird sich ein potentieller Adoptor der Installierten Basis anschließen. Diese wechselseitigen Abhängigkeiten beeinflussen demnach den Aufbau der Installierten Basis (vgl. Weiber (2002), S. 282).

Netzeffektgüter sind in der Anfangsphase durch ein Start-up-Problem oder Marktschaffungsproblem gekennzeichnet. Dieses Anfangsproblem wird durch die abwartende Haltung von potentiellen Adoptoren auch ganz allgemein als Pinguin-Effekt[17] beschrieben. Kann die Instabilitätsphase nicht verlassen werden, d.h. wird zu einem bestimmten Zeitpunkt keine ausreichende Installierte Basis aufgebaut, sind Rückbildungsprozesse bzw. ein Verharren auf einem sehr niedrigen Niveau oder ein abschließender Flop der Innovation unvermeidbar (vgl. Schoder (1995), S. 20 f.; vgl. Röck (2000), S. 40).

Für den verzögerten Diffusionsverlauf sind in der *Instabilitätsphase* vor allem Diffusionshemmnisse[18] und Start-up-Faktoren verantwortlich. Negative Rückkopplungsmechanismen treten dann auf, solange noch kein ausreichender Basis-Nutzerkreis[19] aufgebaut ist, der einen entscheidenden Einfluß auf die Kommunikationsbeziehungen, die Kommunikationsintensitäten und auf die Kommunikationsattraktivität hat. Viele potentielle Adoptoren sind daher nicht bereit, den in der Anfangsphase vorherrschenden Adoptions-Nachteil[20] wegen eines zu geringen Derivatnutzens zu akzeptieren (vgl. Weiber (1992), S. 133 f.; vgl. Weiber (2002), S. 282).

---

17 Durch diese Metapher werden Pinguine bezeichnent, die aus Angst von einem Raubtier getötet zu werden, bei der Nahrungssuche eine abwartende Haltung einnehmen, in der Hoffnung, daß ein anderer Pinguin vor ihnen ins Wasser springt (vgl. Buxmann (2002), S. 444).

18 Hierunter können Nachfragewiderstände, Verkaufwiderstände, Konkurrenz- und Umweltwiderstände verstanden werden (vgl. Weiber (1992), S. 78 ff.).

19 Der Basis-Nutzerkreis stellt eine bestimmte Ausprägung der Installierten Basis dar, der für die Markteinführung erforderlich ist und entspricht einer kollektiven Adoptionsentscheidung von mehreren Nachfragern (vgl. Weiber (1992), S. 61).

20 Ein Adoptions-Nachteil ergibt sich vor allem aus der geringen Anzahl von Kommunikationsbeziehungen und aus dem Fehlen von Nachfragesynergien (vgl. Weiber (1992), S. 105 f.).

Durch einen weiteren Ausbau der Installierten Basis können Nachfragesynergien erzielt werden, die sich vor allem durch verbesserte universelle Zugriffsmöglichkeiten (siehe Weiber ((1992), S. 57)) auszeichnen. Nach Überschreiten der Kritische Masse wird der Stabilitätsbereich erreicht, der sich vor allem durch Selbstverstärkungseffekte und durch eine erhöhte Eigendynamik auszeichnet. Dieser Effekt wird in Anlehnung an die Metapher eines Musikwagens auch als *Bandwagon Effekt* bezeichnet.[21] Zentrale Einflußgrößen des Diffusionsverlaufs sind in Abbildung 2.5 und eine typische Diffusionskurve in Abbildung 2.6 dargestellt.

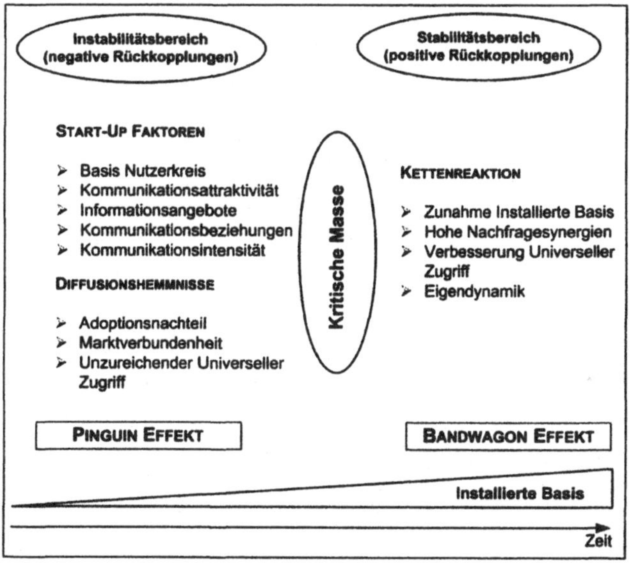

Abbildung 2.5: Einflußfaktoren des Diffusionsverlaufs, in Anlehnung an Weiber ((1992), S. 133)

[21] Zum Bandwagon Effekt siehe Woeckener ((1995), S. 16 f.) und Rohlfs ((2003), S. 195 ff.).

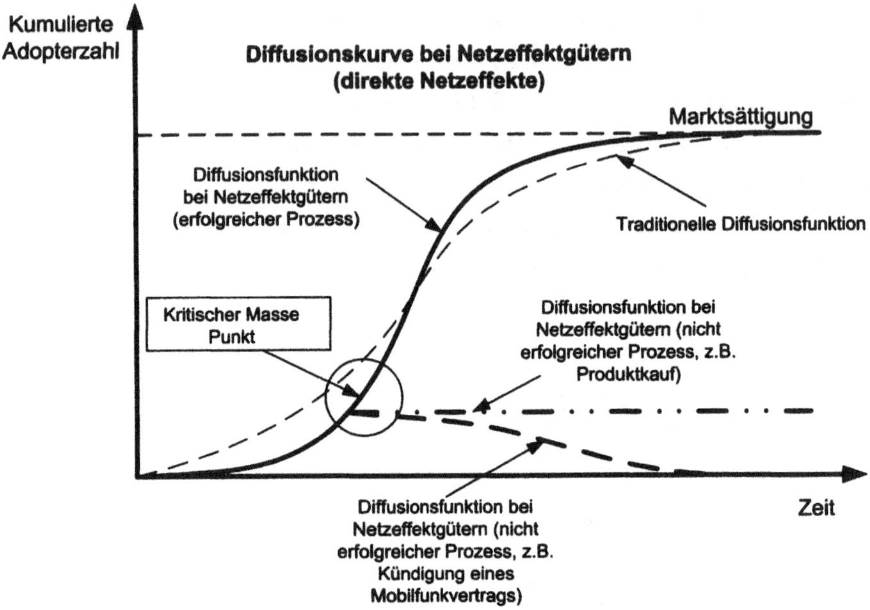

Abbildung 2.6: Diffusionsverläufe bei Netzeffektgütern mit direkten Netzeffekten, in Anlehnung an Röck ((2000), S. 41)

Von den positiven und negativen Rückkopplungsmechanismen sind horizontale und vertikale Rückkopplungsmechanismen zu unterscheiden. Während die ersteren zur Einteilung des Diffusionsverlaufs mittels des Kritischen-Masse-Kriteriums genutzt werden, spielt bei *horizontalen* Rückkopplungsmechanismen eine wechselseitige Beeinflussung der Adoptoren eine entscheidende Rolle. Darüber hinaus beeinflussen *vertikale* Rückkopplungsmechanismen zwischen der Mikroebene (Individualebene) und der Makroebene (kollektives Umfeld) das Adoptionsverhalten der potentiellen Adoptoren (siehe Abbildung 2.7). Vielfach orientieren sich potentielle Adoptoren an der auf Makroebene mehrheitlich getroffenen Entscheidung (vgl. Schoder (1995), S. 58 f.).

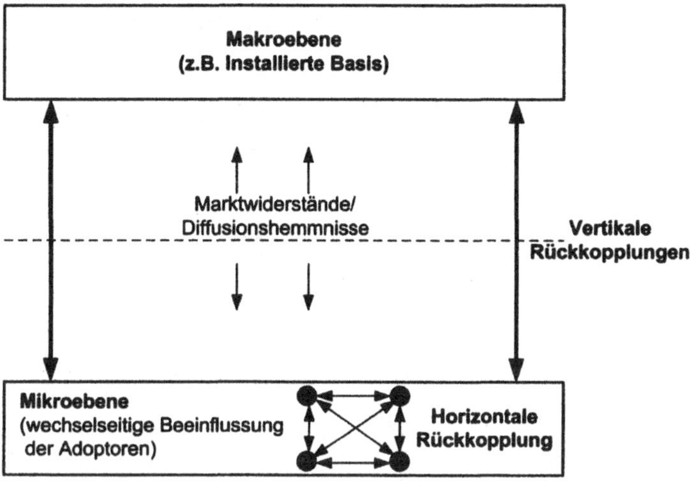

Abbildung 2.7: Horizontale und vertikale Rückkopplungsmechanismen, in Anlehnung an Schoder ((1995), S. 51)

2.2.3.4 Lock-In Situation

Mit dem Aufbau einer Kritischen Masse kann bei einer Technologie eine Marktsituation eintreten, die auf der *Anbieterseite* zu einer Lock-In Situation führt. Diese Situation wird zu Gunsten der Technologie entstehen, die sich auf einem stabilen Erfolgspfad befindet. Dieser Effekt kann auf die im Zeitverlauf etablierte Installierte Basis zurückgeführt werden, die aufgrund der größeren Teilnehmerzahl einen hohen Nutzen für potentielle Adoptoren generiert. Für konkurrierende Technologien kann die bereits etablierte Installierte Basis eine hohe Markteintrittsbarriere zum Aufbau einer eigenen Installierten Basis darstellen. Der Wechsel zu einer konkurrierenden Technologie wäre nur durch einen außergewöhnlich großen Nutzenvorteil gegenüber der etablierten Technologie sinnvoll (vgl. Schoder (1995), S. 66 f.; vgl. Friedrich (2000), S. 11 f.).

Diese Lock-In Situation kann auf Märkten mit Netzeffekten dazu führen, daß sich meist eine Technologie am Markt durchsetzt, die *„...letztendlich monopolistisch den Markt beherrscht...“* (König/Weitzel (2004), S. 4).[22] Eine derartige Marktsituation führt aber nicht notwendigerweise zu einer effizienten, sondern zu einer eher ineffizienten Marktlösung (vgl. Schoder (1995), S. 67 f.), so daß sich nicht immer die „beste“ Technologie am Markt durchsetzt.

Neben einer Lock-In Situation ist in Märkten auch ein *Lock-Out* Situation zu beobachten (vgl. Friedrich (2000), S. 12). Ein Lock-Out setzt an den Ausbreitungsschwierigkeiten einer Technologiealternative an, die bisher noch nicht den Instabilitätsbereich verlassen hat und wird an der gering aufgebauten Installierten Basis festgemacht. Eine Lock-Out Situation knüpft an der gescheiterten Alternative an.

Auf der *Nachfrageseite* kann eine Lock-In Situation in Form von Wechselkosten entstehen, die mit dem Wechsel auf eine alternative Technologie verbunden sind. Der aus der alternativen Technologie generierte Nutzen wird in vielen Fällen die Höhe Wechselkosten nicht mehr kompensieren können, so daß ein Wechsel zu dieser zwar aus technologischer Sicht vielleicht besseren Alternative nicht als „lohnenswert“ erscheint.[23]

Ein in der Anfangsphase beobachtetes Trägheitsproblem kann auf das bestehende Risiko einer falschen Technologieadoption zurückgeführt werden. Diese besteht darin, daß am Anfang kein potentieller Adoptor der Gefahr zu hoher Wechsel- oder Opportunitätskosten ausgesetzt sein will, falls sich eine andere Technologiealternative am Markt durchsetzt. Diese exzessive Trägheit des Marktes wird auch als „Excess Inertia“ bezeichnet (vgl. Thum (1995), S. 19; vgl. König/Weitzel (2004), S. 4 f.).

---

22 Allerdings kann diese Lock-In Situation auf Kundenseite dazu führen, daß aufgrund der Systembindung eine Unzufriedenheit entsteht, die trotz hoher Wechselkosten einen Systemwechsel bewirkt. Unauffällige Lock-Ins sind aus Anbietersicht daher vorzuziehen (vgl. Zerdick et al. (2001), S. 162).

23 Im Zusammenhang mit Lock-Ins können folgenden Arten unterschieden werden: *contracts, training and learning, data conversion, search cost, loyalty cost* (vgl. Shy (2001), S. 4 f.).

Werden dagegen in einem frühen Stadium der Markteinführung durch etablierte Anbieter Strategien verfolgt, um z.B. durch Subventionsmaßnahmen die notwendige Kritische Masse zu erreichen, dann wird dieser exzessive technische Wandel zu einer neuen Technologie auch als „Excess Momentum" bezeichnet (vgl. Thum (1995), S. 20; vgl. König/Weitzel (2004), S. 5 f.).

2.2.3.5 Typische Diffusionsmuster

Aus den oben beschriebenen Besonderheiten für Netzeffektgüter, die durch Kritische Masse Effekte und Rückkopplungsmechanismen von der klassischen Diffusionstheorie unterschieden werden[24], können bezüglich des Adoptions- und Diffusionsverlaufs die folgenden Erkenntnisse für Netzeffektgüter mit direkten Netzeffekten herausgearbeitet werden (vgl. Weiber ((1992), S. 141):

1. Durch die zu Beginn vorherrschenden Marktwiderstände und fehlende Start-up Faktoren kann sich die daraus bildende Trägheit zu einem *linksschiefen* Verlauf der Adoptionskurve führen.

2. Liegen der Ausbreitungsentwicklung verschiedene Kundensegmente zugrunde, kann bei einer sequentiellen und zeitverzögernden Diffusion in diesen Segmenten eine Mehrgipfligkeit der Adoptionskurve konstatiert werden.

3. Das Auftreten positiver Rückkopplungseffekte nach dem Überschreiten der Kritischen Masse führt zu einem progressiv ansteigenden Verlauf der Diffusionskurve.

[24] Siehe hierzu auch die grundlegenden Unterschiede der klassischen Diffusionstheorie und der Theorie für Systemgüter (vgl. Schoder (1995), S. 147; vgl. Weiber (1992), S. 135).

Die Gegenüberstellung von klassischen Verläufen der Adoptions- und Diffusionskurve und der von Netzeffektgütern mit direkten Netzeffekten ist in Abbildung 2.8 dargestellt. In der Mobilfunkentwicklung der Jahre 1992-2004 kann ebenfalls ein linksschiefer Verlauf und eine „schwache" Mehrgipfligkeit der Adoptionskurve (Jahr 2000 und 2004) gezeigt werden (siehe Abbildung 2.9).

Zur Berücksichtigung von gruppenspezifischen Kritischen Massen kann eine Aufteilung in verschiedene Nutzergruppen erfolgen. Die in Abbildung 2.10 gezeigte Darstellung der Mehrgipfligkeit der Adoptionskurve darf allerdings nicht darüber hinwegtäuschen, daß die auftretenden Extrema entscheidend von der zeitlichen Entwicklung und der absoluten Größe der betrachteten Gruppen abhängen (vgl. Speth (2000), S. 186 f.).

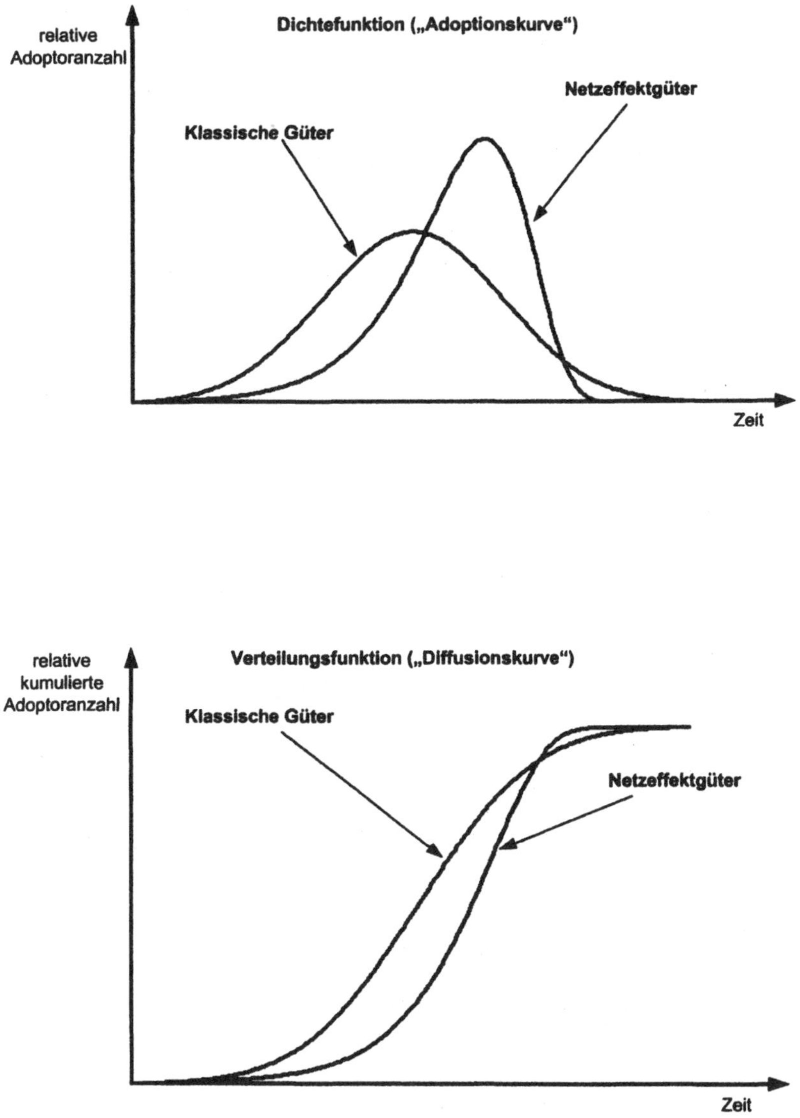

Abbildung 2.8: Gegenüberstellung von Adoptions- und Diffusionskurve: Klassische Güter - Netzeffektgüter

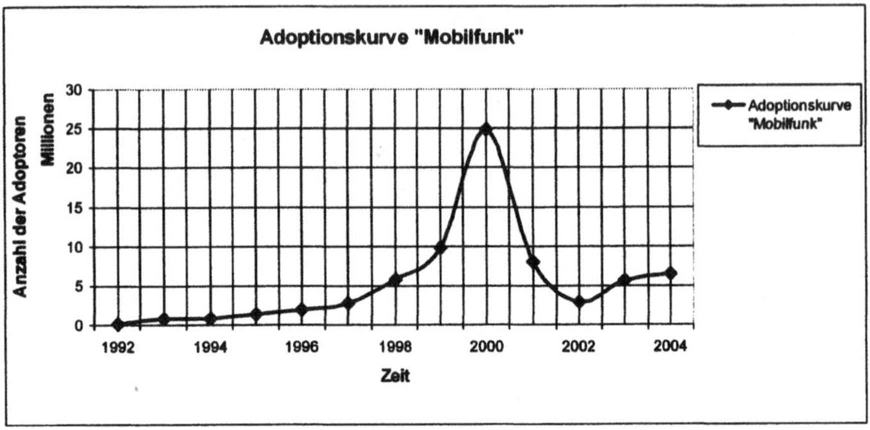

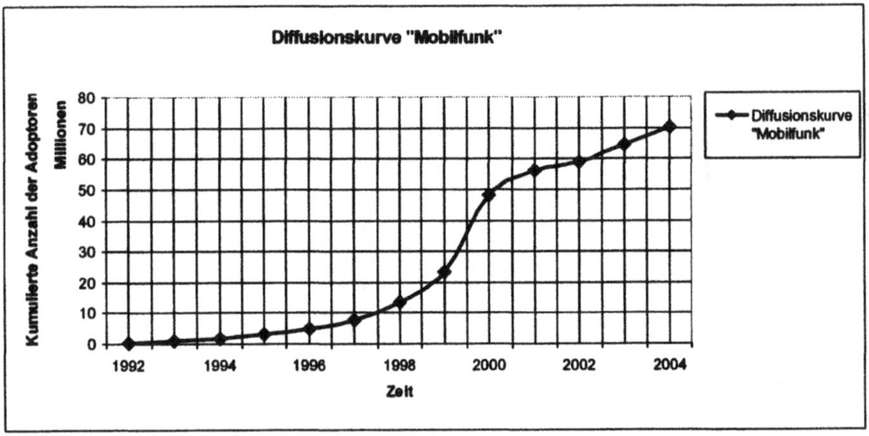

Abbildung 2.9: Adoptions- und Diffusionskurve, Zahlenmaterial aus Bundesnetzagentur (2005)

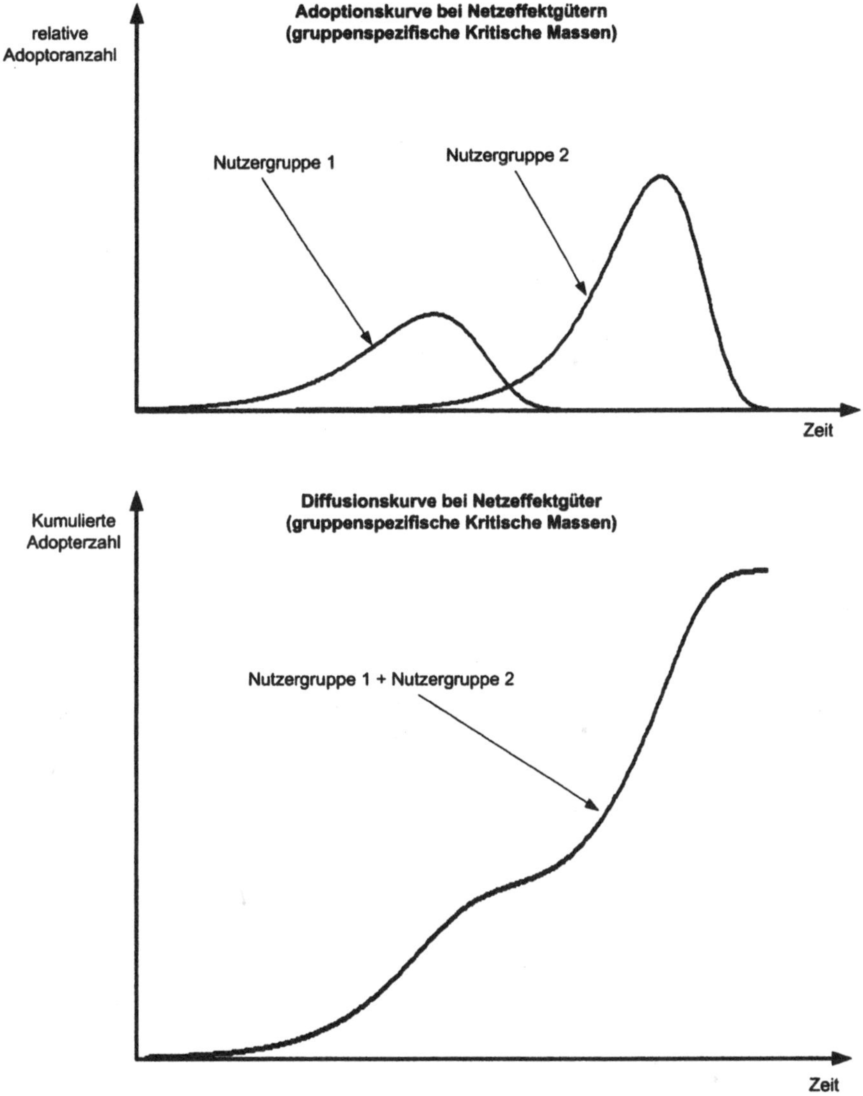

Abbildung 2.10: Mehrgipfligkeit der Adoptionskurve und die zugehörige Diffusionskurve, in Anlehnung an Weiber ((1992), S. 143)

Kapitel 3

Klassische Modelle der Diffusionsforschung

Zur Beschreibung von Ausbreitungsprozessen bei Innovationen sind in der Literatur eine Vielzahl (siehe hierzu Mahajan/Muller/Wind (2000)) von Modellen entwickelt worden. Es zeigt sich hierbei vor allem, daß die Beschreibung und Erklärung des Ausbreitungsverlaufs von Innovationen nach wie vor ein aktuelles Thema der betriebswirtschaftlichen Diffusionsforschung ist. Allerdings lag der Schwerpunkt der Diffusionsmodellierung bisher primär bei den Singulärgütern. Obwohl auf Unternehmensseite, speziell im Innovationsmanagement und im Produktmanagement bei der Bewertung von technologischen Innovationen, ein großes Interesse bei der Erklärung des Ausbreitungsverlaufs bei konkurrierenden technologischen Innovationen besteht, ist eine quantitative Beschreibung von Ausbreitungsverläufen bei Netzeffektgütern und insbesondere bei konkurrierenden Technologiealternativen bisher nur wenig ins Zentrum der Betrachtung gerückt. Gemeinsames Merkmal vieler Modelle ist die Konzeption bei stetiger Zeitbetrachtung als Differentialgleichungsmodell, bzw. als Differenzengleichungsmodell bei diskreter Zeitbetrachtung. Eines der bekanntesten und auch im Bereich der Singulärgüter am häufigsten eingesetzten Modelle ist das Modell von Bass.

Bevor kurz auf dieses, die Diffusionsforschung prägende Modell eingegangen wird, soll zunächst das exponentielle, logistische und semilogistische Modell untersucht werden. Diese drei Grundtypen werden auch als die Grundmodelle der Diffusionsforschung bezeichnet (vgl. Weiber (1992), S. 150; vgl. Weiber (1993), S. 36). Es kann gezeigt werden, daß sich das Bass-Modell in seiner mathematischen Struktur aus diesen Grundmodellen zusammensetzt.

3.1 Grundmodelle

3.1.1 Grundstruktur

Eine grundlegende Struktur vieler Modelle ist durch die folgende Differentialgleichung gegeben (vgl. Klophaus (1995), S. 8 f.):

$$\frac{dN(t)}{dt} = \widehat{f}(N(t)) \cdot (M - N(t)) \tag{3.1}$$

mit:

$N(t)$:	Anzahl der Übernehmer
$\widehat{f}(N(t))$:	Transferrate, $0 < \widehat{f}(N(t)) < 1$
M :	Marktpotential[1]
$\frac{dN(t)}{dt}$:	Übernehmerzuwachs (Übernehmer pro Zeiteinheit)

1 Es wird von einem festen Wert für das Marktpotential ausgegangen. Grundsätzlich kann das Marktpotential durch empirische Untersuchungen geschätzt werden (vgl. Bass (2004), S. 1827).

3.1.2 Exponentielles Modell

Das exponentielle Modell wird in der Literatur auch als *External-Influence-Modell* bezeichnet (vgl. Schoder (1995), S. 45). Für die Transferrate $\widehat{f}(N(t)) = \widehat{a}$ erhält man (vgl. Klophaus (1995), S. 10 f.; vgl. Fantapié Altobelli (1990), S. 38):[2]

$$\frac{dN(t)}{dt} = \widehat{a} \cdot (M - N(t)) \tag{3.2}$$

mit:

$N(t)$:	Anzahl der Übernehmer
$\widehat{a}$:	Wirkungsparameter der Massenkommunikation, auch als Koeffizient der Innovatorennachfrage bezeichnet
M :	Marktpotential
$\frac{dN(t)}{dt}$:	Übernehmerzuwachs (Übernehmer pro Zeiteinheit)

Für die Lösung der Differentialgleichung mit der Anfangsbedingung $N(t = 0) = N_0$ ergibt sich (vgl. Gierl (1987), S. 54):

$$N(t) = M - (M - N_0) \cdot e^{-\widehat{a} \cdot t} \tag{3.3}$$

[2] Häufig wird dabei der Wertebereich auf $0 < \widehat{a} < 1$ festgelegt (vgl. Klophaus (1995), S. 10 f.).

3.1.3 Logistisches Modell

Für das in der Literatur auch als *Internal-Influence-Modell* (vgl. Schoder (1995), S. 46; vgl. Weiber (1992), S. 148) bezeichnete logistische Modell wird die Transferrate von (3.1) $\widehat{f}(N(t)) = \widehat{b} \cdot N(t)$ gesetzt (vgl. Fantapié Altobelli (1990), S. 39).

$$\frac{dN(t)}{dt} = \widehat{b} \cdot N(t) \cdot (M - N(t)) \tag{3.4}$$

mit:

$N(t)$:	Anzahl der Übernehmer
$\widehat{b}$:	Wirkungsparameter der persönlichen Kommunikation[3], auch als Koeffizient der Imitatorennachfrage bezeichnet
M :	Marktpotential
$\frac{dN(t)}{dt}$:	Übernehmerzuwachs (Übernehmer pro Zeiteinheit)

Für die Lösung der Differentialgleichung ist eine Anfangsbedingung $N(t = 0) = N_0$ erforderlich, um den Prozeß starten zu können.

$$N(t) = \frac{M}{1 + \left(\frac{M - N_0}{N_0}\right) \cdot e^{-\widehat{b} \cdot M \cdot t}} \tag{3.5}$$

Das logistische Modell steigt bis zum Wendepunkt mit zunehmenden und nähert sich nach dem Wendepunkt mit abnehmenden Wachstumsraten asymptotisch einem Sättigungsniveau M an (vgl. Fantapié Altobelli (1990), S. 40).

[3] Der Wertebereich wird auf $0 < \widehat{b} < 1$ festgelegt (vgl. Klophaus (1995), S. 11 f).

Für den Wendepunkt t^w gilt:

$$t^w = \frac{\ln\left(\frac{M-N_0}{N_0}\right)}{\widehat{b}\cdot M},\; N\left(t^w\right) = \frac{M}{2} \tag{3.6}$$

Eine Variante des logistischen Modells bildet das *Gompertz-Modell*. Es besitzt ebenfalls wie das logistische Modell einen S-förmigen Verlauf, der allerdings nicht symmetrisch zum Wendepunkt verläuft (vgl. Fantapié Altobelli (1990), S. 41 f.).

$$\frac{dN(t)}{dt} = \widehat{b}\cdot N\left(t\right)\cdot\left(\ln\left(M\right) - \ln\left(N\left(t\right)\right)\right) \tag{3.7}$$

3.1.4 Semilogistisches Modell

Das semilogistische Modell[4] setzt sich formal aus dem exponentiellen und dem logistischen Modell zusammen. Es basiert auf der Annahme, daß die Wirkungsparameter sowohl aus den Anteilen der Massenkommunikation als auch aus denen der persönlichen Kommunikation zusammengesetzt werden (vgl. Fantapié Altobelli (1990), S. 42):

$$\frac{dN(t)}{dt} = \left(\widehat{a} + \widehat{b}\cdot N\left(t\right)\right)\cdot\left(M - N\left(t\right)\right) \tag{3.8}$$

[4] Aus als *Mixed-Influence-Modell* bezeichnet. Diese Begrifflichkeit soll verdeutlichen, daß sowohl externe (durch den Parameter $\widehat{a}$) als auch interne (durch den Parameter $\widehat{b}$) Einflüsse auf den Diffusionsprozeß wirken (vgl. Weiber (1992), S. 147 f.).

mit:

$N(t)$: Anzahl der Übernehmer

$\widehat{a}$: Wirkungsparameter der Massenkommunikation, $0 < \widehat{a} < 1$

$\widehat{b}$: Wirkungsparameter der persönlichen Kommunikation, $0 < \widehat{b} < 1$

M : Marktpotential

$\frac{dN(t)}{dt}$: Übernehmerzuwachs (Übernehmer pro Zeiteinheit)

Mit der Anfangsbedingung $N(t = 0) = N_0$ ergibt die Lösung der Differentialgleichung (vgl. Fantapié Altobelli (1990), S. 42; vgl. Gierl (1987), S. 54):

$$N(t) = \frac{M - \frac{\widehat{a} \cdot (M - N_0)}{\left(\widehat{a} + \widehat{b} \cdot N_0\right)} \cdot e^{-\left(\widehat{a} + \widehat{b} \cdot M\right) \cdot t}}{1 + \frac{\widehat{b} \cdot (M - N_0)}{\left(\widehat{a} + \widehat{b} \cdot N_0\right)} \cdot e^{-\left(\widehat{a} + \widehat{b} \cdot M\right) \cdot t}} \tag{3.9}$$

Das semilogistische Modell wird auch als Grundmodell der Diffusionsforschung bezeichnet und geht bei $\widehat{b} = 0$ in das exponentielle und für $\widehat{a} = 0$ in das logistische Modell über.

Es ergibt sich ein S-förmiger Verlauf für $\widehat{a} < \widehat{b} \cdot (M - 2N_0)$ und $N(t^w) > 0$. Der Wendepunkt t^w liegt bei (vgl. Gierl (1987), S. 60):

$$t^w = \frac{\ln\left(\frac{\widehat{b} \cdot (M - N_0)}{\widehat{a} + \widehat{b} \cdot N_0}\right)}{\left(\widehat{a} + \widehat{b} \cdot M\right)} \tag{3.10}$$

$$N(t^w) = \frac{\widehat{b} \cdot M - \widehat{a}}{2\widehat{b}} \tag{3.11}$$

3.1.5 Bass-Modell

In Anlehnung an das semilogistische Modell ist das Bass-Modell zu sehen, das sich von der mathematischen Struktur kaum vom semilogistischen Modell unterscheidet. Der Unterschied ist lediglich darin zu sehen, daß der Imitationsprozeß nicht an der absolut kumulierten Käuferanzahl festgesetzt wird, sondern sich an einem relativen Marktsättigungsniveau $\frac{\widehat{b}}{M}N(t)$ anlehnt (vgl. Bass (2004), S. 1826; vgl. Weiber (1992), S. 149):

$$\frac{dN(t)}{dt} = \left(\widehat{a} + \frac{\widehat{b}}{M} \cdot N(t)\right) \cdot (M - N(t)) \tag{3.12}$$

$$= \widehat{a} \cdot (M - N(t)) + \frac{\widehat{b}}{M} \cdot N(t) \cdot (M - N(t)) \tag{3.13}$$

$N(t)$: Anzahl der Übernehmer
$\widehat{a}$: Innovationskoeffizient
$\widehat{b}$: Imitationskoeffizient
M : Marktpotential
$\frac{dN(t)}{dt}$: Übernehmerzuwachs (Übernehmer pro Zeiteinheit)

Die Lösung der Differentialgleichung für $N(t = 0) = N_0$ ergibt:[5]

$$N(t) = M \cdot \frac{1 + \frac{\widehat{a} \cdot (N_0 - M)}{\widehat{a} \cdot M + \widehat{b} \cdot N_0} \cdot e^{-\left(\widehat{a} + \widehat{b}\right) \cdot t}}{1 + \frac{\widehat{b} \cdot (M - N_0)}{\widehat{a} \cdot M + \widehat{b} \cdot N_0} \cdot e^{-\left(\widehat{a} + \widehat{b}\right) \cdot t}} \tag{3.14}$$

[5] In der herangezogenen Literatur (vgl. Bass (2004), S. 1826 f.) ist die Lösung der Differentialgleichung für $N(t = 0) = 0$ berechnet.

Für den Wendepunkt t^w der Funktion gilt:

$$t^w = \frac{\ln\left(\frac{\widehat{b}\cdot(M-N_0)}{\widehat{a}\cdot M+\widehat{b}\cdot N_0}\right)}{\left(\widehat{a}+\widehat{b}\right)} \tag{3.15}$$

$$N\left(t^w\right) = \frac{M\left(\widehat{b}-\widehat{a}\right)}{2\widehat{b}} \tag{3.16}$$

Das Bass-Modell ergibt für $\frac{\widehat{b}\cdot(M-N_0)-\widehat{b}\cdot N_0}{M} > \widehat{a}$ einen S-förmigen Verlauf, der sich einem Marktsättigungswert M annähert.

Der Ausdruck $\widehat{a}\cdot(M-N(t))$ wird von Bass als Übernehmerzuwachs unter den Innovatoren und $\frac{\widehat{b}}{M}\cdot N(t)\cdot(M-N(t))$ als Übernehmerzuwachs unter den Imitatoren interpretiert.

3.1.6 Kritische Betrachtung

Aufgrund der zentralen Stellung des Bass-Modells innerhalb der Diffusionsforschung soll im Folgenden vor allem die mit der Anwendung für Prognosen von Innovationen verbundene Problematik verdeutlicht werden.

- Bei der Interpretation des Bass-Modells werden die potentiellen Adoptoren in zwei unterschiedliche Gruppen aufgeteilt: Die Innovatoren und die Imitatoren. In der Gleichung werden die Gruppen durch den Innovationskoeffizienten $\widehat{a}$ und den Imitationskoeffizienten $\widehat{b}$ beschrieben. Allerdings ist diese Heterogenität der Gruppen aus der Modellgleichung (3.12) nicht ersichtlich. Vielmehr können die potentiellen Adoptoren sowohl durch Massenkommunikation als auch durch persönliche Kommunikation beeinflußt werden (vgl. Klophaus (1995), S. 14 f.).[6]

- Der mit dem Bass-Modell abgebildete Diffusionsprozeß berücksichtigt ausschließlich diffusionsfördernde Kommunikationswirkungen[7], die sich darin äußern, daß der Diffusionsprozeß erst endet, wenn das Marktpotential vollständig ausgeschöpft ist. Unvollständige Diffusionsentwicklungen, d.h. wenn die Diffusion auf einem bestimmten Niveau stockt, oder auch Rückbildungsprozesse, bleiben unbeachtet. Die Berücksichtigung einer vollständigen Ausschöpfung des Marktpotentials bei Diffusionsmodellen kann auf die *Pro-Innovation-Bias* zurückgeführt werden, die davon ausgeht, daß Innovationen grundsätzlich „gut" und der Markt diese Innovation vollständig akzeptiert (vgl. Klophaus (1995), S. 39).

  Durch die Fokussierung auf erfolgreiche Innovationen wird eine Verlaufsautomatik unterstellt, die besagt, daß der Diffusionsprozeß erst nach vollständiger Ausschöpfung des Marktpotentials endet. Die mit der Verlaufsautomatik verbundene Problematik einer eher einseitigen Betrachtung der Diffusionsgeschwindigkeit als die erklärende Determinante kann dazu führen, daß weitere Determinanten des Diffusionsprozesses in den Hintergrund rücken (vgl. Klophaus (1995), S. 38 f.).

- Bei der Markteinführung von neuen Produkten kann die Vielfalt von komplementären Produkten den Diffusionsverlauf beeinflussen (vgl. Böcker/Gierl (1988), S. 36). Zusätzlich bestehen substitutive und konkurrierende Beziehungen zwischen den Innovationen, die von klassischen Modellen und insbesondere vom Bass-Modell nicht berücksichtigt werden.

- Die „alleinige" Erklärung des Diffusionsverlaufs - bei vorgegebenem Marktpotential - anhand von zwei Koeffizienten $\widehat{a}$ und $\widehat{b}$ führt zu einer eher

6 Zur korrekten *Innovator-Imitator-Dichtonomie* siehe Klophaus ((1995), S. 15).
7 Zur Problematik bei der Interpretation der geschätzten Parameter des Bass-Modells im Hinblick auf die Prognose siehe Fantapié Altobelli ((1990), S. 62 ff.).

makroökonomischen Betrachtungsweise, bei der eine mikroökonomische Sichtweise in bezug auf individuelle Entscheidungsprozesse nicht berücksichtigt wird (vgl. Klophaus (1995), S. 50 ff.).

- Eine wichtige Eigenschaft für die Beurteilung von Diffusionsmodellen im Hinblick auf den praktischen Einsatz ist vor allem in der Prognosetauglichkeit zu sehen. Auf der Grundlage einer vorgegebenen Zeitreihe ist der Diffusionsverlauf für eine zukünftige Entwicklung zu schätzen.[8] Die Anzahl der Zeitpunkte einer Zeitreihe sollte so ausfallen, daß die Zeitreihe den Wendepunkt der Diffusionskurve bereits enthält. Wird von einer zu kleinen Zeitreihe ausgehend eine Prognose erstellt, können Aussagen über eine zukünftige Entwicklung mit Unwägbarkeiten behaftet sein. Dieser Effekt kann sich noch verstärken, wenn nicht auf Zeitreihen bei der Einführung von neuen Technologien zurückgegriffen werden kann.

  Eine Möglichkeit zur Reduzierung solcher Unsicherheiten, die mit fehlenden Zeitreihen verbunden sind, sind *Analogieschätzungen*, bei denen die Parameterfestsetzung nicht mit ökonometrischen Schätzverfahren, sondern auf Zeitreihendaten einer vergleichbaren Technologie oder eines anderen Marktes erfolgt. Allerdings kann auch bei einer Analogieschätzung das Problem entstehen, eine vergleichbare ältere Technologie zu finden, wobei insbesondere auf eine Änderung der Einflußfaktoren des Diffusionsprozesses geachtet werden sollte. Sind große Änderungen der Diffusionsdeterminanten zu erwarten, besteht eine begrenzte Einsatzmöglichkeit von Analogieschätzungen (vgl. Klophaus (1995), S. 42 ff.; vgl. Felten (2001), S. 12 ff.).

  In vielen Fällen können daher zur Parameterschätzung nur *Experteninterviews* herangezogen werden, die aber, wie im Fall beim Bass-Modell, in der Weise kritisch zu hinterfragen sind, da lediglich makroökonomische (die Innovationskoeffizienten, Imitationskoeffizienten bzw. das Marktpotential) und keine mikroökonomischen Faktoren geschätzt werden.

---

8 Für die Schätzung der Modellparameter im Bass-Modell siehe Bass ((2004), S. 1827 f.).

- Die explizite Berücksichtigung von Kritischen Masse Effekten, die bei Netzeffektgütern zu beobachten sind, finden im Bass-Modell nicht statt (vgl. Weiber (1995), S. 59 f.).

- Auch im Bass-Modell werden Netzeffekte in Form einer einseitigen Beeinflussung von vorherigen Adoptionsentscheidungen auf die aktuellen Adoptionsentscheidungen wirken, d.h. die zeitlich vorgelagerten Adoptoren „stecken" die zeitlich nachgelagerten Adoptoren an. Der Marktausbreitungsprozeß verläuft beim Bass-Modell quasi in analoger Weise zur Ausbreitung von ansteckenden Krankheiten ab. Häufig wird in diesem Zusammenhang auch von Epidemiemodellen gesprochen, bei denen die potentiellen Adoptoren („Nichtinfizierte") durch die Adoptoren („Infizierten") zu neuen Adoptoren werden. Allerdings ist die Beschreibung von Diffusionsverläufen bei Produkten und Technologien von der mit ansteckenden Krankheiten (Epidemien) zu unterscheiden. Ein grundlegender Unterschied besteht im Hinblick auf die Übernahme von Produkten in einem eher rationalen Entscheidungsprozeß, der individuell sehr verschieden sein kann, während die Verbreitung von Krankheiten nicht als Ergebnis eines rationalen Entscheidungsprozesses gesehen wird (vgl. Klophaus (1995), S. 50 f.).[9]

Allerdings zeichnen sich Netzeffektgüter vor allem auch dadurch aus, daß die Erwartungshaltung über das Adoptionsverhalten von zukünftigen Adoptoren eine entscheidende Rolle spielt. Geht der potentielle Adoptor davon aus, daß in Zukunft die Kritische Masse schnell erreicht wird, dann besteht aufgrund des Derivatnutzens eine erhöhte Bereitschaft zur Adoption. Wird dagegen die Erwartungshaltung über die Teilnehmerentwicklung zum Adoptionszeitpunkt „gedämpft", besteht aus Sicht der potentiellen Adoptoren eine eher ablehnende Haltung gegenüber dem Netzbeitritt. Eine wechselseitige Beeinflussung der potentiellen Adoptoren, d.h.

[9] Siehe hierzu auch die Gegenüberstellung der Klassischen Diffusionstheorie mit der Diffusion von Kritische Masse-Systemen (vgl. Weiber (1992), S. 135; vgl. Schoder (1995), S. 147).

die Adoptionsentscheidung in der Vergangenheit und das Entscheidungsverhalten von weiteren potentiellen Adoptoren in der Zukunft, werden, bezogen auf den aktuellen Adoptionszeitpunkt, beim Bass-Modell nicht explizit berücksichtigt (vgl. Schoder (1995), S. 147).

Zwar existieren auf der Grundlage des Bass-Modells erste Ansätze einer integrierten Verknüpfung von „Pinguin Effekt" zur Beschreibung einer abwartenden Haltung von potentiellen Adoptoren in der Anfangsphase und des „Bandwagon Effekts" zur Verstärkung der Attraktivität des Netzeffektgutes im weiteren Diffusionsverlauf (vgl. Größler/Thun (2004)), allerdings bleiben dynamische Nutzenfunktionen und konkurrierende Alternativen unberücksichtigt.

- Neben dem traditionellen Bass-Modell gibt es eine Vielzahl von Erweiterungen[10], wobei zur Berücksichtigung von Marketing-Mix Variablen das „Generalized Bass Model" (GBM) zu nennen ist (vgl. Bass/Jain/Krishnan (2000), S. 109 f.). Allerdings fehlt auch hier eine Berücksichtigung individueller Entscheidungsprozesse und konkurrierender Alternativen.

[10] Zu nennen sind z.B. das „Generalized Bass Model" (GBM), das einen Term der Marketing-Mix Variablen multiplikativ verknüpft. Darüber hinaus kann das GBM entweder mit Hilfe von exponentiell gewichteten Marketing-Mix Variablen oder mit endogen multiplikativen Marktpotentialsfunktionen spezifiziert werden (vgl. Albers/Peters (1995), S. 178 ff.).

3.2 Alternative Modellansätze

Die verschiedenen Modelle der Diffusionsforschung zeigen deutlich, daß sowohl aus theoretischer als auch aus praktischer Sicht ein hohes Interesse an der Erklärung von Ausbreitungsverläufen bei technologischen Innovationen besteht. Eine Klassifizierung in bezug auf die unterschiedlichen Anwendungsfälle zeigen (Mahajan/Muller/Wind (2000), S. 97 ff.):[11]

Kategorien	Modellauswahl
1. Einfluß des Marketing-Mix auf den Diffusionsverlaufs	Bass-Modell (1969), „Generalized Bass Modell" (GBM)
2a) Modelle zur Berücksichtigung von nachfolgenden Produktgenerationen	Norton und Bass (1987), Mahajan und Muller (1996)
2b) Modelle zur Beschreibung von substituierbaren oder komplementären Produktbeziehungen	Peterson und Mahajan (1978)
3. Dynamische Wettbewerbsmodelle	Vidale und Wolfe (1957); Übersicht in Chatterjee/Eliashberg/Rao (2000), S. 171 ff.
4. Modelle zur Berücksichtigung individueller Verhaltensweisen	Hauser und Wisniewski (1982)

Abbildung 3.1: Klassifizierung von Diffusionsmodellen, in Anlehnung an Mahajan/Muller/Wind ((2000), S. 97 ff.)

Die zentrale Stellung des Bass-Modells innerhalb der Diffusionsforschung unterstreicht das im Folgenden aus Kategorie 2 vorgestellte Diffusionsmodell. Bezüglich des Einflusses von Netzeffekten auf den Diffusionsverlauf läßt sich ein weiterer Forschungsbedarf feststellen, denn *„...impact of such externalities and the additional issue about technology choice (compatible versus incompatible with the competition) clearly deserve research attention."* (Chatterjee/Eliashberg/Rao (2000), S. 197).

[11] Aufgrund der großen Ähnlichkeit zwischen den Gruppen *„Diffusion Models with Replacement and Multiple Purchases"* und *„Growth Models for Multiproduct Interaction: Current Status and New Directions"* werden im Folgenden diese zwei in Kategorie 2 zusammengefaßt.

Modell von Peterson und Mahajan (1978)

Peterson und Mahajan schlagen eine Erweiterung des Bass-Modells vor, indem komplementäre oder substitutionale Beziehungen von Produkten in einem Modell berücksichtigt werden. Das „multi-product growth model" beschreibt mit Hilfe eines Wirkungsparameters $\widehat{c}_{ij}$ die Beziehung zwischen den Alternativen i und j (vgl. Bayus/Kim/Shocker (2000), S. 144 f.).

$$\frac{dN_i(t)}{dt} = \left(\widehat{a}_i + \widehat{b}_i \cdot N_i(t) + \widehat{c}_{ij} \cdot N_j(t)\right) \cdot (M_i - N_i(t)) \quad (3.17)$$

$$\frac{dN_j(t)}{dt} = \left(\widehat{a}_j + \widehat{b}_j \cdot N_j(t) + \widehat{c}_{ji} \cdot N_i(t)\right) \cdot (M_j - N_j(t)) \quad (3.18)$$

mit:

$N_i(t)$, $N_j(t)$:	Anzahl der Übernehmer von Alternative i bzw. j zum Zeitpunkt t
$\widehat{a}_i$, $\widehat{a}_j$:	Wirkungsparameter der Massenkommunikation von Alternative i bzw. j
$\widehat{b}_i$, $\widehat{b}_j$:	Wirkungsparameter der persönlichen Kommunikation von Alternative i bzw. j
M_i, M_j :	Marktpotential von Alternative i bzw. j
$\widehat{c}_{ij}$:	Wirkungsparameter zur Beschreibung des Einflusses der Diffusion von Alternative i auf j bzw. umgekehrt; $i, j = 1, 2; i \neq j$ Für $\widehat{c}_{ij} < 0$ und $\widehat{c}_{ji} < 0$ (substitutionale Beziehung) Für $\widehat{c}_{ij} > 0$ und $\widehat{c}_{ji} > 0$ (komplementäre Beziehung)
$\frac{dN_i(t)}{dt}$, $\frac{dN_j(t)}{dt}$:	Übernehmerzuwachs von Alternative i bzw. j

Zwar kann das Modell von Peterson und Mahajan (1978) Beziehungen zwischen Produkten abbilden, es ist aber für nur *zwei* alternative Produkte bzw. Produktgenerationen konzipiert, bei denen individuelle Entscheidungsprozesse ebenfalls unberücksichtigt bleiben. Zudem ist kritisch zu hinterfragen, warum von vorher festgelegten unterschiedlichen Marktpotentialen M_i, M_j auszugehen ist.

Diskrete Auswahlmodelle

Eine weitere Klasse von Modellen, die primär zur Beschreibung des Entscheidungsverhaltens konzipiert wurden, sind multiattributive diskrete Auswahlmodelle. Ein Konsument kann aus einer endlichen Anzahl („diskret") von Alternativen wählen, die auf eine oder mehrere erklärende Variablen („multiattributiv") zurückgeführt werden kann. Die Ausgangsbasis dieser Wahlmodelle bilden die *Attraktivitätsmodelle.* Hierbei wird unterstellt, daß der Marktanteil eines Produktes als Quotient aus Attraktivität dieses Produktes und der Summe aller Attraktivitäten zusammengesetzt wird (vgl. Cooper/Nakanishi (1988), S. 24 f.; vgl. Hruschka (1996), S. 29 f.).

Das mit der Wahl einer Exponentialfunktion zur Beschreibung des Zusammenhangs zwischen der Attraktivität und dem Nutzen gegebene Modell wird in der Literatur auch als Marktanteilsmodell, Markenwahlmodell bzw. als multinominales Logit (MNL)-Modell[12] bezeichnet (vgl. Decker (1994), S. 85; vgl. Cooper/Nakanishi (1988), S. 26 f.). Das MNL-Modell ist eines der am häufigsten im Rahmen der Kaufverhaltensanalyse eingesetzten Auswahlmodelle zur Abbildung von diskreten Entscheidungen aus einer Menge von Alternativen.

Eine Grundlage des in dieser Arbeit vorgestellten Diffusionsmodells bildet die Berechnung der Wechselwahrscheinlichkeiten zwischen den zur Auswahl stehenden Alternativen. Es würde nahe liegen, die grundlegende Struktur von MNL-Modellen auch für die Berechnung der Wechselwahrscheinlichkeiten heranzuziehen. Die Übertragung ist allerdings nur eingeschränkt möglich, da die

12 Zur Klassifizierung der Logit-Modelle siehe auch bei Reisinger ((1996), S. 90 f.). Zur Herleitung des MNL-Modell siehe z.B. Hruschka ((1996), S. 42 f.) und Reisinger ((1996), S. 125 ff.).

Berechnung der Wechselwahrscheinlichkeiten im vorgestellten Diffusionsmodell auf Nutzendifferenzen zwischen den Alternativen basiert, die bei der Modellierung berücksichtigt werden müssen. Die grundlegenden Anforderungen in bezug auf die Wechselwahrscheinlichkeiten sind in Kapitel 5.4 verdeutlicht.

Kapitel 4

Nutzenmodellierung bei Netzeffektgütern

Zielsetzung des folgenden Kapitels ist die Vorstellung einer für Netzeffektgüter geeigneten Nutzenfunktion. Im Anschluß werden die Anforderungen für das in dieser Arbeit vorgestellte netzeffektbasierte Diffusionsmodell entwickelt.

Die Modelle der traditionellen Diffusionsforschung und auch Erweiterungen davon bilden i. d. R. keine individuellen bzw. konsumentengruppenspezifischen Entscheidungsprozesse ab. Zur Analyse und Prognose von Diffusionsverläufen werden meist nur wenige Einflußgrößen bei der Modellierung berücksichtigt, die aber den Besonderheiten der Ausbreitungsentwicklung von Netzeffektgütern nicht gerecht werden. Sollen dagegen individuelle oder konsumentengruppenspezifische Verhaltensweisen in einem Diffusionsmodell berücksichtigt werden, ist die quantitative Nutzenmodellierung eine geeignete Wahl, weil der Nutzen zur Erklärung von Verhaltensweisen zugrunde gelegt werden kann und ein quantitatives Maß der individuellen Bedürfnisbefriedigung darstellt. Soll die Höhe der Nutzendifferenz zwischen den betrachteten Alternativen als Grundlage für die Berechnung der Wechselwahrscheinlichkeiten verwendet werden, ist von einem kardinalskalierten Nutzenkonstrukt auszugehen.

4.1 Nutzenkonstrukte

Produkte oder Dienstleistungen besitzen eine Vielzahl von Eigenschaften. Da der Nutzen i. d. R. nicht direkt beobachtbar ist (vgl. Voeth (2000), S. 7 f.), erfolgt die Ermittlung der Nutzenbeiträge von Eigenschaften eines Produktes meist über eine Präferenzbildung aus einer Bewertung von Produkten. Eine Methode zur Schätzung von Nutzenfunktionen auf Grundlage von Präferenzurteilen bildet die Conjoint-Analyse, bei der Rückschlüsse auf die einzelnen Nutzenbeiträge der Eigenschaften gezogen werden. In vielen Fällen wird die Conjoint-Analyse auch als dekompositionelles Analyseinstrument bezeichnet, da die Präferenzerhebung auf Bewertungen ganzer Produkte basiert (vgl. Gensler (2003), S. 14; vgl. Schubert (1991), S. 132 ff.; vgl. Voeth (2000), S. 29 f.). Die Zusammenhänge zwischen dem Nutzen, der Präferenzbildung und der daran anschließenden Auswahlentscheidung sind in Abbildung 4.1 verdeutlicht. Bei der Auswahl wird ein rationales Entscheidungsverhalten zugrunde gelegt, bei der das Produkt mit höherer Wahrscheinlichkeit gewählt wird, das einen höheren Nutzen hat.

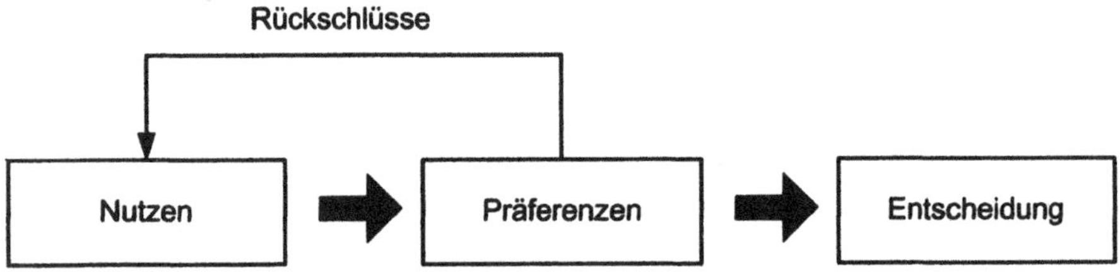

Abbildung 4.1: Zusammenhänge zwischen dem Nutzen, der Präferenz und der Entscheidung, in Anlehnung an Gensler ((2003), S. 14)

Liegen für die Ermittlung der einzelnen Nutzenbeiträge der Eigenschaften keine Präferenzurteile, d.h. keine empirischen Daten vor, kann eine Nutzenschätzung in vielen Fällen nur auf Expertenschätzungen fundieren. Die Einbeziehung von Experten kann vor allem dann sinnvoll sein, wenn die Diffusionsentwicklung von technologischen Innovationen geschätzt werden soll, bei denen weder Analogieschätzungen möglich sind noch Zeitreihen über die bisherige Entwicklung vorliegen. Allerdings sollten die Ergebnisse der Expertenschätzungen stets sehr kritisch hinterfragt werden, da in vielen Fällen eine verstärkte subjektive Sicht die Ergebnisse beeinflussen kann. Trotz dieser Kritik stellt aber gerade eine Expertenschätzung in vielen Situationen die einzig praktisch durchführbare Methode dar.

Bei der Modellierung von Nutzenfunktionen für Netzeffektgüter kommt es vor allem darauf an, die in Kapitel 2.2.2 beschriebenen verschiedenen Güterkategorien (Singulärgüter, Netzeffektgüter i.e.S., Mischformen und Systemgütern) in einer flexiblen Nutzenfunktion abzubilden. Im Rahmen von Anwendungsszenarien ist zu Beginn eines Simulationslaufes zu entscheiden, welche Komponenten der Nutzenfunktion in Abhängigkeit der Güterkategorie für die Modellierung von Bedeutung sind.

Bisher sind nur vereinzelt Ansätze zu finden, auf deren Grundlage eine quantitative und dynamische Beschreibung von Nutzenfunktionen bei Netzeffektgütern erfolgen kann.

- Woeckener ((1995), S. 64) geht von einem Ansatz aus, bei dem z.B. die Konsumentenrente eines Kommunikationssystems (Surplus) aus einer Surplusbasis (Basiskonsumentenrente) und einer Netzeffektfunktion zusammengesetzt wird. Während in den Surplus verschiedene Präferenzstrukturparameter und ggf. auch der Preis mit einfließen, wird der Marktanteil als Einflußgröße zur Abbildung von Netzeffekten berücksichtigt.

- Bei einer von Weidlich ((1992), S. 47) im Rahmen des Migrationsverhaltens von Populationen vorgeschlagenen Nutzenfunktion wird neben einer Basiskomponente, d.h. eines Präferenzparameters, eine zusätzliche endogene Einflußgröße über einen Agglomerationsparameter gesteuert, der den Einfluß zwischen den Mitgliedern der Populationen beschreibt.

Die oben genannten Ansätze bilden die Grundlage für die Formulierung von Nutzenfunktionen. Im Folgenden soll daher eine dynamische Nutzenfunktion vorgestellt werden, die sich aus einer dynamischen Basis- bzw. Zusatznutzenkomponente und einer dynamischen Netzeffektkomponente zusammensetzt. Der Netzeffektkomponente soll insbesondere eine hohe Bedeutung zukommen, da ein flexibler Ansatz notwendig ist, um sowohl positive als auch negative Netzeffekte abzubilden. Negative Netzeffekte können vor allem dann auftreten, wenn eine Teilnehmerzahl eines Netzwerkes erreicht bzw. überschritten ist (z.B. Telefonnetz, E-Mail) ist, bei dem weiteres Teilnehmerwachstum eine negative Wirkung auf das gesamte Netzwerk ausübt. Eine z.B. durch Spam (E-Mail) verursachte Behinderung des Kommunikationsaustausches verringert einen effizienten Informationsfluß zwischen den Teilnehmern. Weiterhin sollen konsumentengruppenspezifische Verhaltensweisen in einer Nutzenmodellierung Berücksichtigung finden, um den ggf. unterschiedlichen Interessen und sozioökonomischen Verhaltensweisen der Konsumentengruppen $\alpha = 1, ..., P$ gerecht zu werden.

Um die in dieser Arbeit betrachteten Güterkategorien in Bezug auf die Nutzenkomponenten zu konkretisieren, erfolgt in Abbildung 4.2 eine Zuordnung zum Basis-, Zusatz- und Netzeffektnutzen.

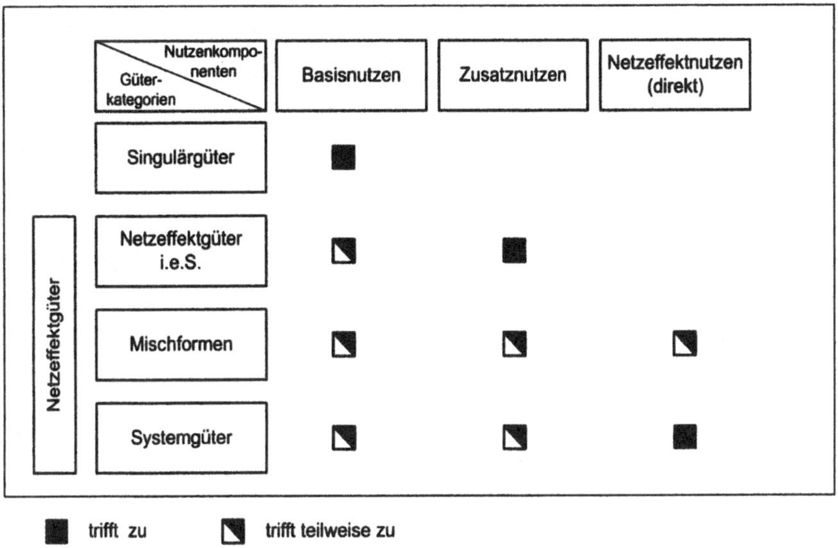

Abbildung 4.2: Zuordnung der Güterkategorien zu den Nutzenkomponenten

Singulärgüter sind durch einen originären Produktnutzen gekennzeichnet, der aus der Beschaffenheit und dem Verwendungszweck des Gutes resultiert (siehe Kapitel 2.2.2). Als Basis für die Ermittlung dieser *Basisnutzenkomponenten* können z.B. die Rogers-Kriterien nach einer entsprechenden Operationalisierung herangezogen werden (siehe Kapitel 2.1.1).

Netzeffektgüter i.e.S. weisen dagegen indirekte Netzeffekte auf, die aus dem Verbreitungsgrad von Komplementärgütern am Markt resultieren (siehe Kapitel 2.2.2). Da sich diese Effekte nicht zu der Basisnutzenkomponente oder der Netzeffektnutzenkomponente zuordnen lassen, werden sie unter den *Zusatznutzenkomponenten* subsumiert. Bei Systemgütern spielt neben dem Verbreitungsgrad vor allem auch die Erwartungshaltung über die in die Zukunft gerichteten Adoptionsentscheidungen eine wichtige Rolle. Soll diese in die Zukunft gerichtete Erwartungshaltung in die Nutzenmodellierung einfließen, kann diese ebenfalls der Zusatznutzenkomponente zugeordnet werden.

Für Güter, die sich nicht eindeutig den Netzeffektgütern i.e.S. oder den Systemgütern zuordnen lassen, wird eine zusätzliche Kategorie *Mischformen* (siehe Kapitel 2.2.2) eingeführt. Je nach Anwendungsfall kann eine Zuordnung zu den Nutzenkomponenten stärker in Richtung des Basisnutzens oder in Richtung des Netzeffektnutzens tendieren.

Systemgüter zeichnen sich vor allem durch direkte Netzeffekte aus, die aus einem vergrößerten Teilnehmerkreis und den daraus resultierenden Kommunikationsmöglichkeiten entstehen und durch die *Netzeffektkomponente* abgebildet werden. Da direkte Netzeffekte sowohl einen positiven als auch einen negativen Einfluß auf den Verbreitungsgrad eines Produktes oder Dienstes ausüben können, werden unterschiedliche Netzeffektfunktionstypen im folgenden Kapitel beschrieben.

4.1.1 Modellierung der Nutzenfunktion

4.1.1.1 Verknüpfungsansätze

Nachdem in Abbildung 4.2 eine Zuordnung der Güterkategorien zu den Nutzenkomponenten erfolgt ist, geht es vor allem um die im Einzelnen zu spezifizierenden Nutzenkomponenten. Der dynamische Nutzen $U^{\alpha}_{i,t}$ eines Produktes i zum Zeitpunkt t innerhalb einer Konsumentengruppe α setzt sich ganz allgemein aus den Nutzenkomponenten Basis-, Zusatz- und Netzeffektnutzen zusammen. Die Funktion f^* gibt die Art der Zusammenfassung der einzelnen Nutzenbeiträge an, um den Gesamtnutzen eines Produktes zu berechnen (vgl. Gensler (2003), S. 16.). Mit der Unterteilung des Marktes in verschiedene Konsumentengruppen $\alpha = 1, ..., P$ sollen die unterschiedlichen Verhaltensweisen berücksichtigt werden, die in die Nutzenmodellierung einfließen.

$$U^{\alpha}_{i,t} = f^*(\text{Basis- und Zusatznutzen,Netzeffektnutzen}) \tag{4.1}$$

Als grundlegende Verknüpfungsansätze sind kompensatorische und nichtkompensatorische zu nennen.[1] Während bei den nichtkompensatorischen Modellen Substitutionsbeziehungen zwischen den Eigenschaften ausgeschlossen werden, erfolgt bei den kompensatorischen Modellen eine Zusammenfassung der einzelnen Teilnutzenbeiträge entweder durch linear-additive oder multiplikative[2] Verfahren, bei denen die Eigenschaften gegenseitig substituierbar sind. Sie werden daher auch als klassische Multiattributivmodelle bezeichnet werden (vgl. Schubert (1991), S. 122 f.).

Multiplikative Verknüpfungen finden häufig bei Marktreaktionsfunktionen Verwendung, bei denen der Einfluß von Marketinginstrumenten auf die Höhe der Absatzmenge untersucht wird (vgl. Hanssens/Parsons (1993), S. 413 ff.).[3] Multiplikative Ansätze berücksichtigen Verbundbeziehungen zwischen den einzelnen Marketinginstrumenten. Demzufolge hängt die Wirkung eines einzelnen Instruments von der Höhe der übrigen ab. Bei Marktreaktionsfunktionen, bei denen Analogien zur Cobb-Douglas-Produktionsfunktion unterstellt werden, fließen die jeweiligen Marketinginstrumente über einen exponentiellen Einfluß der Instrumentenelastizitäten ein (vgl. Nieschlag/Dichtl/Hörschgen (1991), S. 130 ff.). Dem Vorteil bei der Berücksichtigung von Verbundbeziehungen steht allerdings der Nachteil gegenüber, daß eine Schätzung der Absatzmenge erschwert bzw. unmöglich wird, wenn ein Instrumentenbeitrag mit einem Wert von Null einfließt und K.O.-Kriterien ausgeschlossen werden sollen. Diese eben beschrieben Besonderheiten von multiplikativ verknüpften Marktreaktionsfunktionen lassen sich auch auf Nutzenüberlegungen transferieren, bei denen die Nutzenfunktionen ebenfalls multiplikative Funktionsformen aufweisen.

---

1 Zu den nichtkompensatorischen Modellen siehe hierzu Schubert ((1991), S. 123 f.).

2 Eine multiplikative Verknüpfung von Marketing-Mix Funktionen findet sich z.B. im *BRANDAID-Modell* von Little (1975).

3 Marktreaktionsfunktionen werden auch als Responsefunktionen bezeichnet. Ausgewählte Funktionen zeigt Röhle ((1998), S. 88 f.).

Anstelle der multiplikativen Verknüpfung wäre alternativ eine *linear-additive* Funktionsform denkbar. Eine Voraussetzung bei ihrer Anwendung liegt zum einen in der Unabhängigkeit der zugrunde gelegten Teilnutzenwerte. Daher sollte die Eigenschaft nicht vom Vorliegen oder Nicht-Vorliegen anderer Eigenschaften abhängig gemacht werden. Zum anderen ist die Eigenschaftskompensation zu berücksichtigen. Der Gesamtnutzen eines Produktes berechnet sich aus der Summe der Teilnutzenwerte, wobei geringer bewertete Teilnutzenwerte durch höhere von anderen Eigenschaften kompensiert werden können. Ein Nachteil dieser Funktionsform ergibt sich bei der Schätzung von Nutzenfunktionen, falls eine oder mehrere Eigenschaften ein K.O.-Kriterium aufweisen (vgl. Schubert (1991), S. 124 f.; vgl. Voeth (2000), S. 37 f.).

Obwohl den linear-additiven Modellen einige Nachteile gegenüberstehen, sind sie in der Praxis weit verbreitet und auch die traditionelle Conjoint-Analyse[4] (TCA) basiert auf dieser Funktionsform, bei der der Gesamtnutzen des Produktes aus den einzelnen Teilnutzenwerten gebildet wird (vgl. Schubert (1991), S. 125). Eine direkte Übertagung von Ergebnissen der traditionellen Conjoint-Analyse bzw. deren Erweiterungen auf die Nutzenmodellierung bei Netzeffektgütern ist allerdings nicht uneingeschränkt möglich, weil zusätzlich eine Netzeffektkomponente betrachtet werden muß, um einen nutzensteigernden Effekt, der durch Interaktionsmöglichkeiten zwischen den Teilnehmern entsteht, abzubilden.

Der Ausbreitungsprozeß von neuen Technologien gegenüber der am Markt etablierten hängt entscheidend von den Nutzenvorteilen ab. Hierbei kann die Höhe der Nutzendifferenz als ein Vergleichskriterium über die Annahme oder Ablehnung von Technologien herangezogen werden. Fällt diese zugunsten der neuen Technologie aus, ist ein potentieller Adoptor eher bereit, von der etablierten zu einer neuen Technologie zu wechseln. An diesem Ausbreitungsprozeß sind i.d.R. zwei unterschiedliche Gruppen beteiligt. Für die potentiellen Adoptoren, d.h. die Nicht-Nutzer einer Technologie, werden andere Eigenschaften

4 Zu den Kritikpunkten der traditionellen Conjoint-Analyse siehe Voeth ((2000), S. 34 f.).

eine Rolle spielen als bei den Adoptoren, die bereits eine zur Auswahl stehende Technologie gewählt haben. Zunächst werden die Basis- und Zusatznutzenkomponenten für diese zwei Gruppen konkretisiert, um daran anschließend den Netzeffektnutzen zu modellieren.

4.1.1.2 Basis- bzw. Zusatznutzen

Der Basis- bzw. Zusatznutzen setzt sich bei den potentiellen Adoptoren aus verschiedenen Komponenten zusammen:

- aus der Ausprägung $s_{i,t,h}^{\alpha}$ des Aktionsparameters h, der Konsumentengruppe α, der Alternative i zum Zeitpunkt t;
- den Aktionsparameterfunktionen $\kappa_{I,h}^{\alpha}\left(s_{i,t,h}^{\alpha}\right)$;
- dem Gewicht $c_{I,h}^{\alpha}$ des Aktionsparameters h innerhalb der Konsumentengruppe α.

Zur Differenzierung des Nutzens können den Adoptoren andere Gewichte $c_{II,h}^{\alpha}$ und Aktionsparameterfunktionen $\kappa_{II,h}^{\alpha}\left(s_{i,t,h}^{\alpha}\right)$ zugeordnet werden. Als Aktionsparameter werden diejenigen Eigenschaften verstanden, deren dynamische Ausprägungen für die Basis- bzw. Zusatznutzenmodellierung von Bedeutung sind. Hierunter sind z.B. der Preis, der Service oder weitere Eigenschaften zu verstehen. Der Basisnutzen ist zwar vom Zusatznutzen aufgrund der gewählten Aktionsparameter inhaltlich zu unterscheiden. Sie werden unter modellierungstechnischen Aspekten aber als gleichwertig angesehen.

Die Aktionsparameterfunktionen $\kappa_{I,h}^{\alpha}\left(s_{i,t,h}^{\alpha}\right)$, $\kappa_{II,h}^{\alpha}\left(s_{i,t,h}^{\alpha}\right)$ können im Simulationsmodell frei definiert werden und legen den Nutzenbeitrag eines Aktionsparameters in Abhängigkeit der Ausprägung $s_{i,t,h}^{\alpha}$ fest. Der hierbei unterstellte Funktionstyp bei kardinalskalierten Aktionsparametern kann linear oder nichtlinear sein.[5] Diese können zur Feinsteuerung der Nutzenfunktionen herange-

[5] Bei nominal- oder ordinalskalierten Meßniveaus sind andere Funktionstypen zu wählen.

zogen werden. Abbildung 4.3 zeigt Beispiele für Aktionsparameterfunktionen, bei denen die Ausprägungen im Intervall $\left[s^{\alpha}_{i,h,\min}, s^{\alpha}_{i,h,\max}\right]$ zulässig sind. Bei 1) und 3) sind Funktionen dargestellt, die einen höheren Nutzenbeitrag durch steigende Ausprägungen $s^{\alpha}_{i,t,h}$ liefern. Als Beispiel könnte der Service bei einem Mobilfunkanbieter genannt werden. Durch steigende Serviceleistungen kann ein höherer Nutzen bei den Konsumenten erzielt werden. Als Beispiel für eine fallende Aktionsparameterfunktionen in 2) und 4) kann eine Preiskomponente genannt werden, bei der ein Nutzenbeitrag durch einen reduzierten Preis, d.h. durch eine geringere Ausprägung $s^{\alpha}_{i,t,h}$, steigen kann.

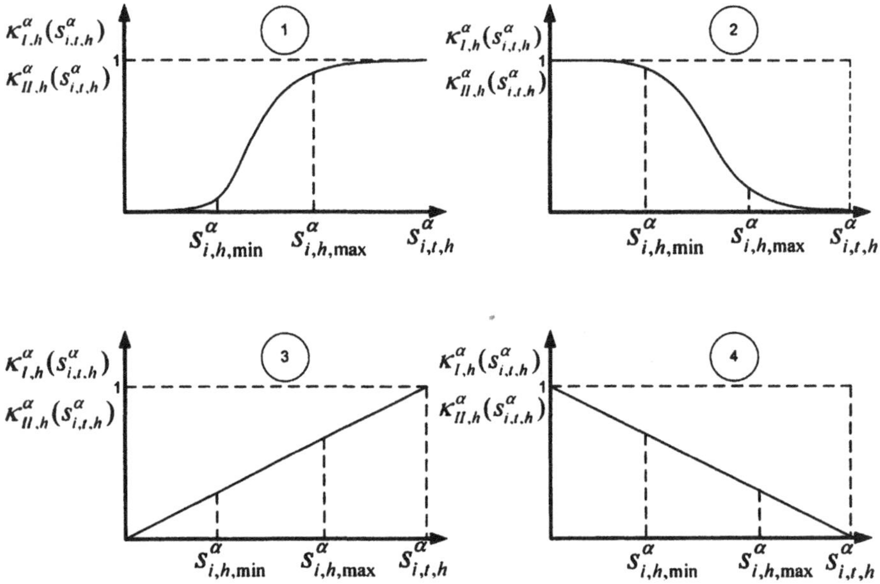

Abbildung 4.3: Beispiele für Aktionsparameterfunktionen

Darüber hinaus kann eine Vergleichbarkeit zwischen den einzelnen Alternativen i nur erfolgen, wenn der jeweilige Nutzen z.B. auf einen Bereich $0 \leq U_{i,t}^{\alpha} \leq 1$ normiert wird. Diese Forderung hat aber auch Implikationen, die die einzelnen Teilnutzenwerte betreffen. Daher wird die Aktionsparameterfunktion ebenfalls auf das Intervall $[0, 1]$ normiert. In Tabelle 4.1 sind Beispiele für linear fallende und linear steigende Aktionsparameterfunktion im Intervall $\left[s_{i,h,\min}^{\alpha}, s_{i,h,\max}^{\alpha}\right]$ dargestellt, die auf den Bereich $[0, 1]$ normiert sind. Entsprechende Überlegungen sind auch für die potentiellen Adoptoren gültig.

Funktionstyp	**Aktionsparameterfunktionen**
linear steigend	$c_{II,h}^{\alpha}\left(s_{i,t,h}^{\alpha}\right) = \frac{s_{i,t,h}^{\alpha} - s_{i,t,\min}^{\alpha}}{s_{i,t,\max}^{\alpha} - s_{i,t,\min}^{\alpha}}$
linear fallend	$c_{II,h}^{\alpha}\left(s_{i,t,h}^{\alpha}\right) = \frac{s_{i,t,\max}^{\alpha} - s_{i,t,h}^{\alpha}}{s_{i,t,\max}^{\alpha} - s_{i,t,\min}^{\alpha}}$

Tabelle 4.1: Beispiel für linear steigende und linear fallende Aktionsparameterfunktionen

4.1.1.3 Netzeffektnutzen

Die Netzeffektkomponente spiegelt vor allem die Tatsache wider, daß bei Gütern mit direkten Netzeffekten ein zusätzlicher Nutzen durch endogene Einflüsse entsteht. Diese endogenen Einflüsse sind vor allem auf die Installierte Basis zurückzuführen, bei der ein Nutzen durch Kommunikationsmöglichkeiten zwischen den Teilnehmern entsteht. Die Wirkung von diesen *positiven* Netzeffekten findet sowohl bei den Systemgütern als auch bei den Mischformen (siehe Abbildung 4.2) Anwendung, wenn der Netznutzen durch weitere Teilnehmer steigt.

Andererseits beeinflussen aber auch *negative* Netzeffekte den Nutzen eines Produktes dadurch, daß durch zusätzliche Teilnehmer an einem Netz (z.B. Mobilfunk) die maximal zulässige Teilnehmeranzahl überschritten wird, so daß für alle Teilnehmer die zugesicherten Netzleistungen nicht eingehalten werden können. In diesem Fall verkleinert sich der Nutzenbeitrag aus endogenen Einflüssen mit jedem weiteren Teilnehmer.

Mit dem Wachstum der Installierten Basis geht auch eine Erhöhung des Netzeffektnutzens einher. Sollen zusätzlich sozioökonomische Präferenzen berücksichtigt werden, die das Orientierungsverhalten der potentiellen Adoptoren und der Adoptoren untereinander charakterisieren, werden zu einer Flexibilisierung der Netzeffektkomponente die Ansatzpunkte von Weidlich ((1992), S. 47) gewählt. So könnte beispielsweise ein potentieller Adoptor der einen Konsumentengruppe α sich am Entscheidungsverhalten der Adoptoren innerhalb ($\alpha = \beta$) einer Gruppe oder an anderen Konsumentengruppen ($\alpha \neq \beta$) orientieren. Die Höhe dieser soziökonomischen Präferenzen wird in der vorliegenden Arbeit durch einen Netzeffektkoeffizienten $\pi_{i,t}^{\alpha}(m_t)$ für die Alternative i innerhalb der Konsumentengruppe α zum Zeitpunkt t in Abhängigkeit eines Marktvektors m_t berücksichtigt. Der Marktvektor beschreibt die aktuelle Aufteilung des Marktes bezüglich der Konsumentengruppen und Alternativen.

Der Grad der Anlehnung wird über einen Inter- bzw. Intragruppenkoeffizienten $\Lambda^{\alpha\beta}$ abgebildet, der auf den Bereich $0 \leq \Lambda^{\alpha\beta} \leq 1$ beschränkt ist. Liegt eine maximale Ausprägung $\Lambda^{\alpha\beta} = 1$ vor, orientiert sich die Konsumentengruppe α maximal am Verhalten der Konsumentengruppe β. Hingegen ist bei $\Lambda^{\alpha\beta} = 0$ kein Einfluß der Konsumentengruppe α auf β zu erwarten. Allerdings muß der Umkehrschluß nicht zulässig sein. Das Orientierungsverhalten wird über eine Matrix $\mathbf{M}_P$ abgebildet.

Für die Matrix $\mathbf{M}_P$ gilt:

$$\mathbf{M}_P = \begin{pmatrix} \Lambda^{11} & \dots & \Lambda^{1\beta} & \dots & \Lambda^{1P} \\ \vdots & \ddots & \vdots & \ddots & \vdots \\ \Lambda^{\alpha 1} & \dots & \Lambda^{\alpha\beta} & \dots & \Lambda^{\alpha P} \\ \vdots & \ddots & \vdots & \ddots & \vdots \\ \Lambda^{P1} & \dots & \Lambda^{P\beta} & \dots & \Lambda^{PP} \end{pmatrix}, \ 0 \leq \Lambda^{\alpha\beta} \leq 1 \tag{4.2}$$

Für den Netzeffektkoeffizient $\pi_{i,t}^{\alpha}(m_t)$ gilt:

$$\pi_{i,t}^{\alpha}(m_t) = \frac{\sum\limits_{\beta=1}^{P} \Lambda^{\alpha\beta} \cdot n_{i,t}^{\beta}}{\sum\limits_{i=1}^{L} \sum\limits_{\beta=1}^{P} n_{i,t}^{\beta}}, 0 \leq \pi_{i,t}^{\alpha}(m_t) \leq 1 \tag{4.3}$$

mit:

$\pi^{\alpha}_{i,t}(m_t)$: Netzeffektkoeffizient der Alternative i innerhalb der Konsumentengruppe α zum Zeitpunkt t

m_t : Marktvektor

$m_t = \left(n^1_{1,t}, ..., n^1_{L,t}, ..., n^{\alpha}_{i,t}, ..., n^P_{1,t}, ..., n^P_{L,t}\right)'$

$n^{\beta}_{i,t}$: Anzahl der Adoptoren bzw. potentielle Adoptoren der Konsumentengruppe β der Alternative i zum Zeitpunkt t

$\Lambda^{\alpha\beta}$: Intra- ($\alpha = \beta$) bzw. Intergruppenkoeffizient ($\alpha \neq \beta$)

P : Anzahl der Konsumentengruppen

L : Anzahl der Alternativen

Beispiel Netzeffektkoeffizient

Liegt z.B. ein Orientierungsverhalten von zwei Konsumentengruppen ($P = 2$) bei einem Marktvektor $m_t = \left(n^1_{1,t}, n^1_{2,t}, n^2_{1,t}, n^2_{2,t}\right)^T$ und zwei Alternativen ($L = 2$) in (4.4) vor, folgen bei gegebener Matrix $\mathbf{M_2}$ für die jeweiligen Netzeffektkoeffizienten:

$$\mathbf{M_2} = \begin{pmatrix} \Lambda^{11} & \Lambda^{12} \\ \Lambda^{21} & \Lambda^{22} \end{pmatrix} \tag{4.4}$$

$$\begin{aligned}
\pi^1_{1,t}(m_t) &= \frac{\Lambda^{11} \cdot n^1_{1,t} + \Lambda^{12} \cdot n^2_{1,t}}{n^1_{1,t} + n^1_{2,t} + n^2_{1,t} + n^2_{1,t}} \\
\pi^2_{1,t}(m_t) &= \frac{\Lambda^{21} \cdot n^1_{1,t} + \Lambda^{22} \cdot n^2_{1,t}}{n^1_{1,t} + n^1_{2,t} + n^2_{1,t} + n^2_{1,t}} \\
\pi^1_{2,t}(m_t) &= \frac{\Lambda^{11} \cdot n^1_{2,t} + \Lambda^{12} \cdot n^2_{2,t}}{n^1_{1,t} + n^1_{2,t} + n^2_{1,t} + n^2_{1,t}} \\
\pi^2_{2,t}(m_t) &= \frac{\Lambda^{21} \cdot n^1_{2,t} + \Lambda^{22} \cdot n^2_{2,t}}{n^1_{1,t} + n^1_{2,t} + n^2_{1,t} + n^2_{1,t}}
\end{aligned} \tag{4.5}$$

4.1.1.4 Typen von Netzeffektfunktionen

Der Einfluß von positiven oder negativen Netzeffekten auf den Netzeffektnutzen wird durch eine in Abhängigkeit vom Netzeffektkoeffizienten $\pi_{i,t}^{\alpha}(m_t)$ geeignete Netzeffektfunktion $\eta_{\tilde{k}}^{\alpha}(\pi_{i,t}^{\alpha}(m_t))$ von Typ $\tilde{k} \in \{1,2,3\}$ festgelegt. Hierzu werden in dieser Arbeit drei typische Funktionstypen vorgestellt, die die Interdependenzen zwischen den Netzeffektkoeffizienten und Netzeffektnutzen aufzeigen.[6] In der Literatur wird bei Voeth ((2003), S. 222) zwar nur der Typ 1 charakteristisch für Netzeffektgüter angesehen, die Funktionstypen 2 und 3 sind aber im Hinblick auf negative Netzeffekte auch als mögliche Netzeffektfunktionen zu betrachten. Zur Kennzeichnung von positiven oder negativen Netzeffekten wird das Steigungsverhalten der Netzeffektfunktionen zugrunde gelegt. In Kapitel 2.2.3.2 wird bereits auf den Zusammenhang zwischen der Installierten Basis und dem Netzeffektnutzen eingegangen. Hierbei liefert die Installierte Basis einen Nutzenbeitrag für das betrachtete Netzeffektgut. Obwohl beim Netzeffektkoeffizienten $\pi_{i,t}^{\alpha}(m_t)$ zusätzliche Interdependenzen zwischen den Konsumentengruppen betrachtet werden, kann strenggenommen nicht von einer Installierten Basis im engeren Sinne gesprochen werden. Stattdessen soll dieser Begriff ein wenig weiter interpretiert werden, so daß der Netzeffektkoeffizient als eine im weiteren Sinne Installierte Basis beschrieben wird. Da sich der Netzeffektkoeffizient dabei immer auf die jeweils betrachtete Alternative i bezieht, wird in der Nutzenmodellierung die Installierte Basis auch nur für diese Alternative einen Nutzenbeitrag leisten. Sollen darüber hinaus Kompatibilitätseffekte zwischen den Alternativen einen nutzensteigernden Effekt bewirken, muß der Netzeffektkoeffizient durch Integration einer von einer anderen Alternative aufgebauten Installierten Basis erweitert werden.

[6] Eine weitere Netzeffektfunktion wird von Woeckener ((1995), S. 63 f.) vorgeschlagen, bei dem der Marktanteil exponentiell berücksichtigt wird.

Typ 1

Abbildung 4.4 zeigt eine Parameterdarstellung von δ_1 (bei $\lambda_1 = 5$ und $k_1 = 3$) einer typischen nichtlinearen Funktion für positive Netzeffekte.

$$\eta_1^\alpha(\pi_{i,t}^\alpha(m_t)) = \delta_1 \cdot \left(1 - e^{-\lambda_1(\pi_{i,t}^\alpha(m_t))^{k_1}}\right) \tag{4.6}$$

mit:

m_t :	Marktaufteilung bzw. Marktvektor
$\eta_1^\alpha(\pi_{i,t}^\alpha(m_t))$:	Netzeffektfunktion vom Typ 1 der Konsumentengruppe α
$\pi_{i,t}^\alpha(m_t)$:	Netzeffektkoeffizient, $0 \leq \pi_{i,t}^\alpha(m_t) \leq 1$
δ_1, λ_1, k_1 :	Parameter der Netzeffektfunktion, $0 \leq \delta_1 \leq 1$, $\lambda_1 \geq 0$, $k_1 \geq 0$

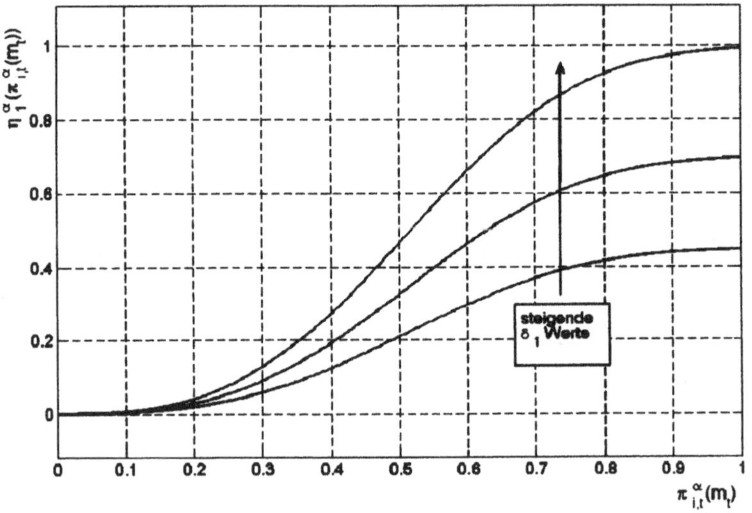

Abbildung 4.4: Variation des Parameters δ_1

Typ 2

In Abbildung 4.5 ist eine Parameterdarstellung von λ_2 (bei $\delta_2 = 0,5$; $c_2 = 2$ und $k_2 = 1$) einer typischen nichtlinearen Funktion für positive und negative Netzeffekte dargestellt. Dieser Funktionstyp kann vor allem dann Verwendung finden, falls Netzeffekteigenschaften vorliegen, die bis zu einem maximalen Wert (z.B. bis zu einer bestimmten Teilnehmeranzahl) steigen und ab diesem Maximum wieder abnehmen.

$$\eta_2^\alpha(\pi_{i,t}^\alpha(m_t)) = \delta_2 \cdot e^{-(\lambda_2 \cdot \pi_{i,t}^\alpha(m_t) - c_2)^{2 \cdot k_2}} \tag{4.7}$$

mit:

$m_i(t)$:	Marktaufteilung bzw. Marktvektor
$\eta_2^\alpha(\pi_{i,t}^\alpha(m_t))$:	Netzeffektfunktion vom Typ 2 der Konsumentengruppe α
$\pi_{i,t}^\alpha(m_t)$:	Netzeffektkoeffizient, $0 \leq \pi_{i,t}^\alpha(m_t) \leq 1$
$\delta_2, \lambda_2, k_2, c_2$:	Parameter der Netzeffektfunktion, $0 \leq \delta_2 \leq 1$, $\lambda_2 \geq 0$, $c_2 \geq 0$, $k_2 \in \mathbb{N}_+$

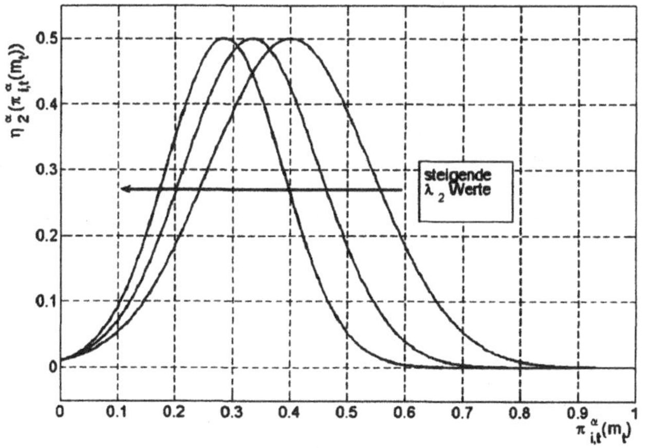

Abbildung 4.5: Variation des Parameters λ_2

Typ 3

In Abbildung 4.6 ist eine Parameterdarstellung von λ_3 (bei $\delta_3 = 1$ und $k_3 = 3$) für eine typische nichtlineare Funktion für negative Netzeffekte dargestellt.

$$\eta_3^\alpha(\pi_{i,t}^\alpha(m_t)) = \delta_3 \cdot e^{-\lambda_3(\pi_{i,t}^\alpha(m_t))^{k_3}} \tag{4.8}$$

mit:

m_t :	Marktaufteilung bzw. Marktvektor
$\eta_3^\alpha(\pi_{i,t}^\alpha(m_t))$:	Netzeffektfunktion vom Typ 3 der Konsumentengruppe α
$\pi_{i,t}^\alpha(m_t)$:	Netzeffektkoeffizient, $0 \leq \pi_{i,t}^\alpha(m_t) \leq 1$
δ_3, λ_3, k_3 :	Parameter der Netzeffektfunktion, $0 \leq \delta_3 \leq 1$, $\lambda_3 \geq 0$, $k_3 \geq 0$

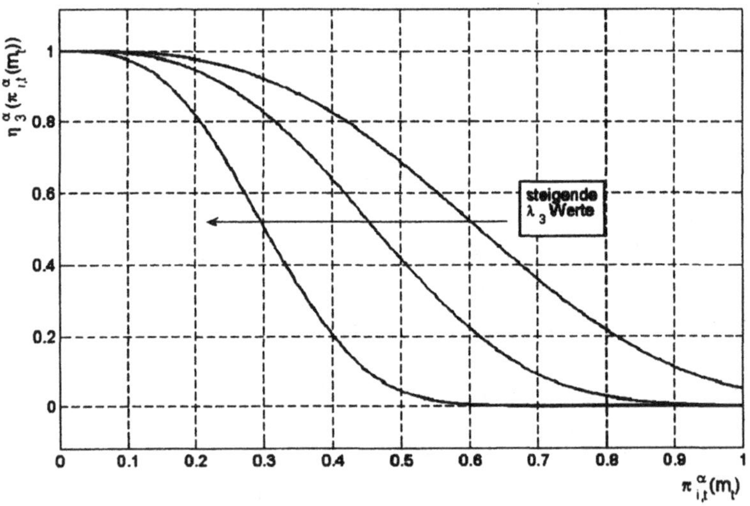

Abbildung 4.6: Variation des Parameters λ_3

Eine Zuordnung der verschiedenen Funktionstypen in bezug auf positive und negative Netzeffekte zeigt Tabelle 4.2.

	Positive Netzeffekte	Negative Netzeffekte
Typ 1	✓	
Typ 2	✓	✓
Typ 3		✓

Tabelle 4.2: Netzeffektfunktionstypen

4.1.1.5 Nutzenfunktionsgleichungen

Die in den Kapiteln 4.1.1.2 und 4.1.1.3 beschrieben Komponenten einer Nutzenfunktion für Netzeffektgüter, die aus einem Basis- bzw. Zusatznutzen und Netzeffektnutzen bestehen, werden im folgenden Kapitel zu einer Nutzenfunktion zusammengeführt. Auf die Notwendigkeit einer differenzierten Modellierung der Nutzenfunktionen von potentiellen Adoptoren $U_{i,t}^{\alpha}\left(m_t, s_{i,t}^{\alpha}\right)$ bei $i = 1$ und Adoptoren $U_{i,t}^{\alpha}\left(m_t, s_{i,t}^{\alpha}\right)$ bei $i > 1$ ist bereits in Kapitel 4.1.1.2 hingewiesen worden. Dabei gilt es, die Nutzenkomponenten für die beteiligten Gruppen in einer Nutzenfunktion abzubilden. Eine Besonderheit bei der Diffusionsentwicklung von Netzeffektgütern liegt in einem verzögerten Diffusionsverlauf in der Anfangsphase, der nach dem Überschreiten eines Kritischen Masse Punktes in ein beschleunigtes Teilnehmerwachstum übergeht. Die Gründe für diese in der Anfangsphase zu beobachtenden Diffusionshemmnisse resultieren vor allem aus den Marktwiderständen und dem Fehlen von Start-up Faktoren, auf die bereits in Kapitel 2.2.3 ausführlich eingegangen wurde. Die Berücksichtigung dieser Effekte erfolgt sowohl durch eine Widerstandskomponente bei den potentiellen Adoptoren (Nicht-Nutzer) als auch durch einen Netzeffektnutzen bei den Adoptoren. Zwar ist in Kapitel 4.1.1.4 nur auf die unterschiedlichen Typen von Nutzenfunktion $\eta_{\bar{k}}^{\alpha}(\pi_{i,t}^{\alpha}(m_t))$ eingegangen worden, aus Modellierungsaspekten können diese Typen auch für die Widerstandspotentialfunktion $\widetilde{\eta}_{\bar{r}}^{\alpha}(\pi_{i,t}^{\alpha}(m_t))$ genutzt werden.

Für den Ausbreitungsprozeß von neuen Technologien kann die Höhe der Nutzendifferenz als ein Vergleichskriterium über die Annahme oder Ablehnung von Technologien herangezogen werden. Zum Zweck einer besseren Vergleichbarkeit zwischen den Alternativen i, wird der Nutzen auf den Bereich $0 \leq U_{i,t}^{\alpha}\left(m_t, s_{i,t}^{\alpha}\right) \leq 1$ normiert.

$$U_{i,t}^{\alpha}\left(m_t, s_{i,t}^{\alpha}\right) = \left\{ \begin{array}{ll} \underbrace{\sum_{h=1}^{\tilde{R}} c_{I,h}^{\alpha} \cdot \kappa_{I,h}^{\alpha}\left(s_{i,t,h}^{\alpha}\right)}_{\text{Basisnutzen bzw. Zusatznutzen}} + \underbrace{c_{I,\tilde{R}+1}^{\alpha} \cdot \widetilde{\eta}_{\tilde{r}}^{\alpha}(\pi_{i,t}^{\alpha}(m_t))}_{\text{Widerstandskomponente}}, & i = 1 \\ \underbrace{\sum_{h=1}^{R} c_{II,h}^{\alpha} \cdot \kappa_{II,h}^{\alpha}\left(s_{i,t,h}^{\alpha}\right)}_{\text{Basisnutzen bzw. Zusatznutzen}} + \underbrace{c_{II,R+1}^{\alpha} \cdot \eta_{\tilde{k}}^{\alpha}(\pi_{i,t}^{\alpha}(m_t))}_{\text{Netzeffektnutzen}}, & \text{sonst} \end{array} \right\} \quad (4.9)$$

mit:

L :	Anzahl der Alternative: $i = 1, ..., L$
P :	Anzahl der Konsumentengruppen: $\alpha = 1, ..., P$
$U_{i,t}^{\alpha}\left(m_t, s_{i,t}^{\alpha}\right)$:	Nutzenfunktion der Alternative i, $0 \leq U_{i,t}^{\alpha}\left(m_t, s_{i,t}^{\alpha}\right) \leq 1$ der Konsumentengruppe α zum Zeitpunkt t
$s_{i,t}^{\alpha}$:	Vektor der Aktionsparameter der Konsumentengruppe α, $s_{i,t}^{\alpha} = \left(s_{i,1,t}^{\alpha}, ..., s_{i,\tilde{R},t}^{\alpha}\right)'$, $i = 1$; $s_{i,t}^{\alpha} = \left(s_{i,1,t}^{\alpha}, ..., s_{i,R,t}^{\alpha}\right)'$, $i > 1$; z.B. $s_{i,t,1}^{\alpha}$: Preis; $s_{i,t,2}^{\alpha}$: Service; $\widetilde{R}, R$: Anzahl der Aktionsparameter
m_t :	Marktaufteilung bzw. Marktvektor (für die Berücksichtigung von direkten Netzeffekten) $m_t = \left(n_{1,t}^{1}, ..., n_{L,t}^{1}, ..., n_{i,t}^{\alpha}, ..., n_{1,t}^{P}, ..., n_{L,t}^{P}\right)'$

$c^{\alpha}_{I,h}, c^{\alpha}_{II,h}$: Gewichte des Aktionsparameters h in der Konsumentengruppe α mit $\sum_{h=1}^{\widetilde{R}+1} c^{\alpha}_{I,h} = 1$ und $\sum_{h=1}^{R+1} c^{\alpha}_{II,h} = 1$

$c^{\alpha}_{I,\widetilde{R}+1}, c^{\alpha}_{II,R+1}$: Gewichte des Netzeffekteinflusses der Konsumentengruppe α

$\kappa^{\alpha}_{I,h}\left(s^{\alpha}_{i,t,h}\right)$, $\kappa^{\alpha}_{II,h}\left(s^{\alpha}_{i,t,h}\right)$: Aktionsparameterfunktion des Aktionsparameters h der Konsumentengruppe α

$\widetilde{r}, \widetilde{k}$: Indizes für die Typen der Widerstandspotential- bzw. Netzeffektfunktionen $\widetilde{r}, \widetilde{k} \in \{1, 2, 3\}$

$\widetilde{\eta}^{\alpha}_{\widetilde{r}}\left(\pi^{\alpha}_{i,t}(m_t)\right)$: Widerstandspotentialfunktion der potentiellen Adoptoren der Konsumentengruppe α

$\eta^{\alpha}_{\widetilde{k}}(\pi^{\alpha}_{i,t}(m_t))$: Netzeffektfunktion für die Adoptoren der Konsumentengruppe α

$\pi^{\alpha}_{i,t}(m_t)$: Netzeffektkoeffizient,

$$\pi^{\alpha}_{i,t}(m_t) = \frac{\sum_{\beta=1}^{P} \Lambda^{\alpha\beta} \cdot n^{\beta}_{i,t}}{\sum_{i=1}^{L} \sum_{\beta=1}^{P} n^{\beta}_{i,t}}, \; 0 \leq \pi^{\alpha}_{i,t}(m_t) \leq 1,$$

mit $\alpha, \beta = 1, ..., P$

$\Lambda^{\alpha\beta}$: Intra- ($\alpha = \beta$) bzw. Intergruppenkoeffizient ($\alpha \neq \beta$), mit $0 \leq \Lambda^{\alpha\beta} \leq 1$,

$$\mathbf{M}_P = \begin{pmatrix} \Lambda^{11} & ... & \Lambda^{1\beta} & ... & \Lambda^{1P} \\ \vdots & \ddots & \vdots & \ddots & \vdots \\ \Lambda^{\alpha 1} & ... & \Lambda^{\alpha\beta} & ... & \Lambda^{\alpha P} \\ \vdots & \ddots & \vdots & \ddots & \vdots \\ \Lambda^{P1} & ... & \Lambda^{P\beta} & ... & \Lambda^{PP} \end{pmatrix}$$

$n^{\beta}_{i,t}$: Anzahl der Adoptoren bzw. potentielle Adoptoren der Konsumentengruppe β der Alternative i zum Zeitpunkt t

Mit (4.9) wird eine sehr flexible Nutzenfunktion vorgestellt, bei der die Vorteile vor allem aus der Modellierung der verschiedenen Güterkategorien resultieren, die in Abbildung 4.2 vorgestellt wurden. Daher ist es möglich, sowohl eine Basis- bzw. Zusatznutzenkomponente und eine Netzeffektkomponente in einer Nutzenfunktion zusammenzuführen, die zusätzlich eine Differenzierung zwischen potentiellen Adoptoren und Adoptoren erlaubt. Zudem werden mit den vorgestellten Netzeffektfunktionstypen den Anforderungen einer Integration von sowohl positiven als auch negativen Netzeffekten Rechnung getragen. Über die Festlegung der Gewichte für die jeweiligen Aktionsparameter hinaus, kann der Nutzenbeitrag in Abhängigkeit der Ausprägung $s^{\alpha}_{i,t,h}$ durch die Aktionsparameterfunktionen einbezogen werden.

Dem großen Vorteil der Flexibilität der in (4.9) vorgestellten Nutzenfunktion steht allerdings der Nachteil detaillierter Datensätze gegenüber. Während die Gewichte $c^{\alpha}_{I,h}, c^{\alpha}_{II,h}$ der Aktionsparameter über die traditionelle Conjoint-Analyse bzw. deren Erweiterungen und die Aktionsparameterfunktionen aus ggf. weiteren Markuntersuchungen gewonnen werden können, werden für die Auswahl und die Parametrisierung der Netzeffektfunktionen sehr detaillierte Daten benötigt, die in vielen Fällen nur durch Experten- oder Analogieschätzungen gewonnen werden können. Eine additive Verknüpfung der einzelnen Nutzenkomponenten kann aufgrund der notwendigen Unabhängigkeit der Aktionsparameter und der Netzeffektkomponente sicherlich kritisch gesehen werden. Allerdings wird zum einen auch bei der traditionellen Conjoint-Analyse diese Art der Verknüpfung gewählt. Zum anderen werden auch bei Woeckener ((1995), S. 64) und bei Weidlich ((1992), S. 47) Netzeffektkomponente und Basisparameter additiv miteinander verknüpft.

4.2 Anforderungen an ein netzeffektbasiertes Diffusionsmodell

Im Verlauf der Arbeit ist gezeigt worden, daß sich die klassische Diffusionstheorie primär auf die Erklärung des zeitlichen Ausbreitungsverlaufes von Singulärgütern konzentriert. Wichtige Phänomene, wie z.B. Kritische-Masse-Effekte oder auch Rückkopplungsmechanismen, bleiben in der klassischen Betrachtungsweise unberücksichtigt. Auch die bei den Ausbreitungsverläufen von Netzeffektgütern mit direkten Netzeffekten zu Beginn vorherrschenden Marktwiderstände, die zu einem linksschiefen Verlauf der Adoptionskurve führen können, sind mit der klassischen Diffusionstheorie nicht ausreichend zu erklären. Insbesondere rückt bei der Diffusionsmodellierung die Forderung einer Integration individueller bzw. konsumentengruppenspezifischer Entscheidungsprozesse in den Vordergrund. Nicht zuletzt auch deshalb, weil die auf das Bass-Modell zurückgeführten Modelle lediglich makroökonomische Faktoren (z.B. die Innovationskoeffizienten und Imitationskoeffizienten beim Bass-Modell) für Prognosen zugrunde legen. Die auf Produktbeziehungen und nachfolgende Technologiegenerationen ausgerichteten Diffusionsmodelle (siehe Kapitel 3.2) sind meist für zwei zur Auswahl stehende Alternativen konzipiert worden und erlauben keine Integration individueller Entscheidungsprozesse. An diesem Kritikpunkt setzen die in diesem Kapitel vorgestellten dynamischen Nutzenfunktionen (siehe (4.9)) zur Abbildung netzeffektbasierter Eigenschaften an.

In diesem Zusammenhang lassen sich Anforderungen an ein im nächsten Kapitel vorgestelltes Simulationsmodell formulieren.

1. *Berücksichtigung mehrerer in Konkurrenz stehender Alternativen*

   In vielen Situationen tritt bei der Diffusionsmodellierung die Anforderung in den Mittelpunkt, mehrere zur Auswahl stehende Alternativen und deren Abhängigkeiten in einem Simulationslauf gleichzeitig zu betrachten. Für die Marktentwicklung ist nicht nur die Frage des Penetrationsgrades von z.B. Breitbandanschlüssen insgesamt interessant, sondern die Entwicklung der zur Auswahl stehenden Breitbandzugänge *innerhalb* der einzelnen Technologiealternativen, wie z.B. DSL (Digital Subscriber Line), WLAN (Wireless Local Area Network) oder WiMAX (Worldwide Interoperability for Microwave Access), sind aus Sicht des Managements von großem Interesse.

2. *Berücksichtigung dynamischer Nutzenfunktionen*

   Die Integration konsumentengruppenspezifischer dynamischer Nutzenfunktionen kommt vor allem der Forderung nach, daß in vielen Diffusionsmodellen von einer eher makroökonomischen Sichtweise ausgegangen wird, bei denen der Diffusionsprozeß durch nur wenige Parameter (z.B. beim Bass-Modell durch die Innovationskoeffizienten und Imitationskoeffizienten) beeinflußt werden kann. Insbesondere den in diesem Kapitel vorgestellten Netzeffektfunktionen kommt insofern eine hohe Bedeutung zu, weil netzeffektbasierte Eigenschaften in Form von positiven oder auch negativen Effekten in einer flexiblen Nutzenfunktion integriert werden.

3. *Schätzung von geeigneten Parametersätzen*

   Zur Durchführung von Parameterschätzungen auf Grundlage empirischer Daten soll eine Kalibrierung des Simulationsmodells durch geeignete Optimierungsverfahren erfolgen. Die Schätzung von Parametersätzen bildet die Grundlage für die Erklärung von Diffusionsverläufen und für die sich daran anschließenden What-If-Analysen und How-To-Achieve-Analysen, deren Ergebnisse Handlungsalternativen zur Unterstützung von Managemententscheidungen aufzeigen.

Kapitel 5

Netzeffektbasiertes Modell

Netzeffektgüter sind im Gegensatz zu Singulärgütern durch eine höhere Vielfalt von Diffusionsmustern gekennzeichnet (vgl. Schoder (1995), S. 48). Folglich ist der Diffusionsprozeß, der die Diffusion im Zeitverlauf beschreibt, bei Netzeffektgütern einer hohen Dynamik unterworfen und läßt sich allein mit der klassischen Diffusionstheorie nicht hinreichend abbilden. Der Mastergleichungsansatz der Synergetik wird hier als ein geeigneter Ansatz für die Modellierung von Diffusionsprozessen bei Netzeffektgütern angesehen, der charakteristische Phänomene dieser Güterkategorie berücksichtigt. Nach Haken ((1995), S. 26) *„...kann die Synergetik als eine Wissenschaft vom geordneten, selbstorganisierten, kollektiven Verhalten angesehen werden, wobei dieses Verhalten allgemeinen Gesetzen unterliegt.“* Grundsätzlich kann von synergetischen Systemen immer dann gesprochen werden, wenn der individuelle Entscheidungsprozeß nicht losgelöst vom Verhalten der anderen Akteure im sozialen System getroffen wird (vgl. Weidlich/Haag (1983), S. 11; vgl. Erdmann (1990), S. 156 f.). Mit denen in Kapitel 4.1.1.5 formal dargestellten Nutzenfunktionen werden diese Verhaltenspräferenzen der potentiellen Adoptoren und der Adoptoren in einem integrierten Ansatz berücksicht. Die synergetische Sichtweise bei der Nutzenmodellierung drückt sich in der Netzeffektnutzenkomponente aus, bei der die Größe der Installierten Basis, d.h. die Anzahl von Teilnehmern, die sich bereits für eine Alternative entschieden haben, einen nutzensteigernden Effekt auslöst.

5.1 Synergetische Betrachtungen

Im Rahmen der synergetischen Betrachtungsweise wird das dynamische Verhalten von Systemen durch wenige Ordnungsparameter charakterisiert (vgl. Erdmann (1990), S. 145). Als Ordner[1] können Standards, marktbeherrschende Unternehmen und andere, sich langsam verändernde Rahmenbedingungen angesehen werden, denen sich die Individuen unterordnen (vgl. Schoder (1995), S. 72 f.). Auch die allgemeine Wirtschaftsentwicklung, die die beteiligten Wirtschaftssubjekte mehr oder weniger stark zwingen kann, miteinander in Wechselwirkung zu treten, kann als ein Ordner im Sinne der Synergetik interpretiert werden (vgl. Christmann (1990), S. 49 f.).

Für die Modellierung von synergetischen Konzepten hat sich die Mastergleichung als geeigneter Ansatz erwiesen. Anwendungen lassen sich im Zusammenhang mit physikalischen, chemischen und biologischen Systemen identifizieren, bei denen sich die Systeme aus vielen wechselwirkenden Einzelteilen zusammensetzen. Es finden sich auch Anwendungsbeispiele, die den soziologischen und ökonomischen Bereichen, wie z.B. der Migrationsforschung und der Erklärung von Konjunkturzyklen[2], zuzuordnen sind (vgl. Weidlich (1994), S. 85; vgl. Schoder (1995), S. 76; vgl. Woeckener (1992), S. 413 f.). Auch im Bereich der Diffusionsentwicklung von Innovationen sind Einsatzbereiche der Mastergleichung zu finden (siehe Brandt (1998)).

Bevor allerdings auf eine entsprechende formale Darstellung eingegangen wird, sollen zunächst grundlegende Verknüpfungen zwischen den Diffusionsprozessen

[1] In der Synergetik wird davon gesprochen, daß ein Ordner die einzelnen Komponenten eines Systems „versklavt“ (vgl. Haken (1995), S. 24 f.).

[2] Zum Isomorphismus bei der synergetischen Betrachtung zwischen den Naturwissenschaften und den Sozial- bzw. Wirtschaftswissenschaften siehe Weidlich ((1994), S. 76 f.) und Weidlich ((2002), S. 40 f.).

und der synergetischen Betrachtungsweise hergestellt werden, um darauf aufbauend, den Mastergleichungsansatz der Synergetik als die Grundlage für ein netzeffektbasiertes Diffusionsmodell vorzustellen. Im Mittelpunkt der Untersuchungen stehen zunächst die Aspekte der Mikro- und Makroebene.

5.1.1 Mikroebene

Ein potentieller Adoptor entscheidet sich zwischen verschiedenen zur Wahl stehenden Produkten oder Dienstleistungen. Bei insgesamt L Alternativen wählt er eine Alternativen $l \in \{1, ..., L\}$ (vgl. Haag (1989), S. 63; vgl. Weidlich (1992), S. 40 f.).

Formal kann die Anzahl der potentiellen Adoptoren bzw. Adoptoren bei insgesamt P Konsumentengruppen wie folgt beschrieben werden (vgl. Haag (1989), S. 81; vgl. Weidlich/Haag (1983), S. 79):

$$\sum_{\alpha=1}^{P} N_\alpha = N \tag{5.1}$$

mit:

N_α : Anzahl der potentiellen Adoptoren bzw. Adoptoren der Konsumentengruppe α

N : Anzahl der potentiellen Adoptoren bzw. Adoptoren

P : Anzahl der Konsumentengruppen: $\alpha = 1, ..., P$

Mit Bezug auf die Wahlmöglichkeit $l \in \{1, ..., L\}$ verteilen sich die potentiellen Adoptoren bzw. Adoptoren innerhalb der Konsumentengruppe α über insgesamt L Alternativen (vgl. Haag (1989), S. 81; vgl. Weidlich/Haag (1983), S. 79):

$$\sum_{i=1}^{L} \widetilde{n}_i^\alpha = N_\alpha \tag{5.2}$$

mit:

N_α : Anzahl der potentiellen Adoptoren bzw. Adoptoren der Konsumentengruppe α

$\widetilde{n}_i^\alpha$: Anzahl der potentiellen Adoptoren bzw. Adoptoren Konsumentengruppe α der Alternative i

L : Anzahl der Alternativen: $i = 1, ..., L$

5.1.2 Makroebene

Zur weiteren formalen Darstellung wird eine Marktvariable $\widetilde{m}$ definiert, die auch als Marktkonfiguration[3] bezeichnet wird und die die Marktaufteilung bezüglich der zur Wahl stehenden Produkte und Dienstleistungen für die Konsumentengruppen $\alpha = 1, ..., P$ beschreibt. Für die Marktkonfiguration $\widetilde{m}$ gilt (vgl. Weidlich (1992), S. 42):

$$\widetilde{m} = \left(\widetilde{n}_1^1, ..., \widetilde{n}_L^1, ..., \widetilde{n}_i^\alpha, ..., \widetilde{n}_j^\alpha, ..., \widetilde{n}_1^P, ..., \widetilde{n}_L^P\right) \tag{5.3}$$

mit:

$\widetilde{m}$: Marktaufteilung oder Marktkonfiguration

$\widetilde{n}_i^\alpha, \widetilde{n}_j^\alpha$: Anzahl der potentiellen Adoptoren bzw. Adoptoren der Konsumentengruppe α der Alternative i bzw. j

P : Anzahl der Konsumentengruppen: $\alpha = 1, ..., P$

L : Anzahl der Alternativen

i, j : Indizes der Alternativen

---

[3] Oder auch als Soziokonfiguration bezeichnet (vgl. Weidlich (1992), S. 42).

5.2 Mastergleichungsansatz

Mit Verhaltensänderungen der potentiellen Adoptoren bzw. Adoptoren auf der Mikroebene werden Prozesse angestoßen, die die Verbreitung eines Produktes beeinflussen. Diese Verhaltensänderung von der auf einem Markt zur Auswahl stehenden Alternative i zu einer Alternative j innerhalb der Konsumentengruppe α haben eine Änderung der Marktkonfiguration von $\widetilde{m}$ zu $\widetilde{m}_{ij}^{\alpha}$ zur Folge (vgl. Weidlich (1992), S. 43; vgl. Weidlich (2002), S. 78). Der innerhalb einer Konsumentengruppe α durchgeführte Wechsel führt einerseits zu einer Erhöhung $\widetilde{n}_j^{\alpha}+1$ bei Alternative j und andererseits zu einer Reduzierung $\widetilde{n}_i^{\alpha}-1$ bei Alternative i.

$$\widetilde{m}_{ij}^{\alpha} = \left(\widetilde{n}_1^1, ..., \widetilde{n}_L^1, ..., \widetilde{n}_i^{\alpha} - 1, ..., \widetilde{n}_j^{\alpha} + 1, ..., \widetilde{n}_1^P, ..., \widetilde{n}_L^P\right) \tag{5.4}$$

In umgekehrter Richtung führt ein Wechsel von $\widetilde{m}$ zu $\widetilde{m}_{ji}^{\alpha}$, d.h. von der Alternative j zu einer Alternative i innerhalb einer Konsumentengruppe α, zu einer Erhöhung $\widetilde{n}_i^{\alpha} + 1$ und zu einer Reduzierung von $\widetilde{n}_j^{\alpha} - 1$.

$$\widetilde{m}_{ji}^{\alpha} = \left(\widetilde{n}_1^1, ..., \widetilde{n}_L^1, ..., \widetilde{n}_i^{\alpha} + 1, ..., \widetilde{n}_j^{\alpha} - 1, ..., \widetilde{n}_1^P, ..., \widetilde{n}_L^P\right) \tag{5.5}$$

Der nachstehend vorgestellte Mastergleichungsansatzes integriert diese dynamischen Entscheidungsprozesse und basiert auf den Ausführungen von Weidlich und Haag (vgl. Weidlich (2002), S. 57 f.; Weidlich (1992), S. 45; Haag (1989), S. 72).[4]

4 Geburts- und Todesprozesse werden, wie in den Ausführungen von Weidlich und Haag im Kontext sozialwissenschftlicher Systeme beschrieben ist, für Diffusionsprozesse im vorliegenden Fall nicht berücksichtigt.

$$\frac{dP(\widetilde{m},t)}{dt} = \underbrace{\sum_{\substack{j,i=1\\i\neq j}}^{L}\sum_{\alpha=1}^{P} w_{ji}^{\alpha}\left(\widetilde{m}_{ij}^{\alpha},t\right)\cdot P\left(\widetilde{m}_{ij}^{\alpha},t\right)}_{\text{Zuflußterm}} - \underbrace{\sum_{\substack{j,i=1\\i\neq j}}^{L}\sum_{\alpha=1}^{P} w_{ij}^{\alpha}\left(\widetilde{m},t\right)\cdot P\left(\widetilde{m},t\right)}_{\text{Abflußterm}} \tag{5.6}$$

mit:

$P(\widetilde{m},t)$:	Verteilung der Marktkonfiguration $\widetilde{m}$ zum Zeitpunkt t
$w_{ij}^{\alpha}(\widetilde{m},t)$:	Übergangsrate bzw. Übergangswahrscheinlichkeit pro Zeiteinheit von der Alternative i nach j zum Zeitpunkt t innerhalb der Konsumentenkategorie α, wenn sich das System vorher im Zustand m befand
$w_{ji}^{\alpha}\left(\widetilde{m}_{ij}^{\alpha},t\right)$:	Übergangsrate bzw. Übergangswahrscheinlichkeit pro Zeiteinheit von der Alternative j nach i zum Zeitpunkt t innerhalb der Konsumentenkategorie α, wenn sich das System vorher im Zustand $\widetilde{m}_{ij}^{\alpha}$ befand
P :	Anzahl der Konsumentengruppen: $\alpha = 1, ..., P$
L :	Anzahl der Alternativen: $i, j = 1, ..., L$
i, j :	Indizes für die Alternativen

Die mit (5.6) erhaltene Mastergleichung ist eine Bilanzgleichung, die die zeitliche Änderung von $\frac{dP(\widetilde{m},t)}{dt}$ durch einen Zuflußterm von allen Nachbarzuständen $\widetilde{m}_{ij}^{\alpha}$ in den Zustand $\widetilde{m}$ und durch einen Abflußterm vom Zustand $\widetilde{m}$ in alle Nachbarzustände $\widetilde{m}_{ij}^{\alpha}$ beschreibt.

1. Der Ausdruck $w_{ji}^{\alpha}\left(\widetilde{m}_{ij}^{\alpha},t\right)$ des Zuflußterms gibt die Übergangswahrscheinlichkeit pro Zeiteinheit (Übergangsrate) innerhalb der Konsumentenkategorie α von der Marktkonfiguration $\widetilde{m}_{ij}^{\alpha}$ nach $\widetilde{m}$ an. Der Wechsel von der Alternative j nach i kann durch eine Wechselwahrscheinlichkeit modelliert werden. Der Zufluß besteht aus der Summe von allen Teilzuflüssen $w_{ji}^{\alpha}\left(\widetilde{m}_{ij}^{\alpha},t\right)P\left(\widetilde{m}_{ij}^{\alpha}\right)$ von allen Nachbarkonfigurationen $\widetilde{m}_{ij}^{\alpha}$ zu der Marktkonfiguration $\widetilde{m}$.

2. In analoger Weise beschreibt der Abflußterm den Abfluß der Übergangsraten von der Marktkonfiguration $\widetilde{m}$ zu den Nachbarkonfigurationen $\widetilde{m}_{ij}^{\alpha}$. Der Ausdruck $w_{ij}^{\alpha}(\widetilde{m},t)$ gibt demnach die Übergangswahrscheinlichkeit pro Zeiteinheit (Übergangsrate) innerhalb der Konsumentenkategorie α von der Marktkonfiguration $\widetilde{m}$ nach $\widetilde{m}_{ij}^{\alpha}$ an, wobei ein Wechsel von der Alternative i nach j durch eine Wechselwahrscheinlichkeit modelliert wird. Der Abfluß besteht aus der Summe von allen Teilabflüssen $w_{ij}^{\alpha}(\widetilde{m},t)\,P(\widetilde{m},t)$ von der Marktkonfiguration $\widetilde{m}$ zu allen Nachbarkonfigurationen $\widetilde{m}_{ij}^{\alpha}$.

Den dynamischen Entscheidungsprozessen werden folgenden Annahmen zugrunde gelegt (vgl. Weidlich/Haag (1988), S. 12):

- *Markov-Annahme:* Mit der Markov-Annahme hängt der aktuelle Marktzustand zu einem bestimmten Zeitpunkt nur vom direkt vorausgegangenen Marktzustand ab. Weiter zurückliegende Marktzustände haben für den weiteren Prozeßverlauf keinen Einfluß (vgl. Kampen (1992), S. 73).

- *Homogenitätsannahme:* Mit der Aufteilung des Marktes in verschiedene Konsumentengruppen $\alpha = 1, ..., P$ wird von einem homogenen Entscheidungsverhalten der potentiellen Adoptoren bzw. Adoptoren *innerhalb* jeder Konsumentengruppe ausgegangen.

- *Statistische Unabhängigkeit individueller Entscheidungsprozesse:* Bei den Übergängen von $\widetilde{m}$ zu $\widetilde{m}^{\alpha}_{ij}$ auf individueller Ebene wird statistische Unabhängigkeit vorausgesetzt. Darüber hinaus werden nur Nächste-Nachbar-Übergänge zwischen den Marktkonfigurationen berücksichtigt, bei denen sich die einzelnen Marktkonfigurationen nur um eine Einheit voneinander unterscheiden (siehe (5.4) und (5.5)).[5]

- *Abhängigkeit von endogenen und exogenen Einflußvariablen:* Eine entsprechende Spezifizierung der Übergangsraten w von endogenen (z.B. der Marktkonfiguration) und exogenen Einflußvariablen (z.B. Preis und Service) steht im Mittelpunkt der Überlegungen von Kapitel 5.4. Diese Einflußvariablen spielen vor allem bei den Modellierung der Nutzenfunktionen (siehe Kapitel 4.1.1.5) zur Berechnung der Wechselwahrscheinlichkeiten im netzeffektbasierten Diffusionsmodell eine entscheidende Rolle.

[5] Prozesse höherer Ordnung können vernachlässigt werden (vgl. Weidlich/Haag (1988), S. 323 f.).

5.3 Gleichungen für die Mittelwerte

In vielen Fällen sind die für die Berechnung notwendigen Informationen nicht in dem Detaillierungsgrad vorhanden, wie sie für die Mastergleichung benötigt werden. Die Mastergleichung stellt ein Differentialgleichungssystem für die Verteilung $P(\widetilde{m}, t)$ der Marktzustände $\widetilde{m}$ dar, d.h. alle möglichen Kombinationen von Marktzuständen $\left(\sum_{i=1}^{L} \widetilde{n}_i^{\alpha} = N_{\alpha} \text{ und } \sum_{\alpha=1}^{P} N_{\alpha} = N\right)$ werden in der Mastergleichung berücksichtigt. Aufgrund ihrer großen Anzahl ist es daher kaum möglich, eine Lösung für alle gültigen Marktzustände anzugeben. Für die Beschreibung eines Systems werden daher die genäherten Mittelwertgleichungen herangezogen, die sich aus einer Vereinfachung einer Mastergleichung herleiten lassen (vgl. Weidlich/Haag (1988), S. 26 f.; vgl. Weidlich/Haag (1983), S. 87 f.; vgl. Weidlich (2002), S. 341 ff.).

Diese Vereinfachung kann dann durchgeführt werden, wenn verschiedene Voraussetzungen für die Mittelwertbildung erfüllt sind (vgl. Frankhauser (1991), S. 19):

1. Es wird von einer unimodalen Verteilung[6] der verschiedenen Marktzustände $\widetilde{m}$ ausgegangen, d.h. die Verteilung $P(\widetilde{m}, t)$ zeigt einen deltaförmigen Verlauf.

2. Die Verteilung ist annähernd symmetrisch zu ihrem Maximum und ist um den Erwartungswert konzentriert.

Bei diesen Voraussetzungen können über eine Mittelwertbildung aus der Mastergleichung genäherte Gleichungen für die Mittelwerte hergeleitet werden (genäherten Mittelwertgleichungen). Zielsetzung bei der Mittelwertbetrachtung ist die Beschreibung der mittleren Entwicklung der Marktkonfiguration bzw. des Marktvektors $m(t)$ durch eine zeitliche Entwicklung der einzelnen Bewegungs-

[6] Bei einer bimodalen Verteilung siehe bei Weidlich/Braun ((1993), S. 92).

gleichungen $n_k^\alpha(t)$. Die Anzahl der möglichen Bewegungsgleichungen, d.h. der Komponenten von $m(t)$, ergibt sich aus $P \cdot L$.

$$m(t) = \left(n_1^1(t), ..., n_i^1(t), ..., n_L^1(t), ..., n_k^\alpha(t), ..., n_1^P(t), ..., n_j^P(t), ..., n_L^P(t)\right)' \tag{5.7}$$

mit:

$m(t)$:	Mittelwert[7] der Marktaufteilung zur Zeit t (Marktvektor)
$n_k^\alpha(t)$:	Mittelwert[8] der Anzahl der potentiellen Adoptoren bzw. Adoptoren der Konsumentengruppe α der Alternative k zur Zeit t
P :	Anzahl der Konsumentengruppen: $\alpha = 1, ..., P$
L :	Anzahl der Alternativen: $i, k, j = 1, ..., L$
i, k, j :	Indizes für die Alternativen

Mit Hilfe dieser Vereinfachung wird nur noch die Dynamik der Mittelwerte betrachtet. Die genäherten Mittelwertgleichungen repräsentieren ein Differentialgleichungssystem, das einerseits bei der Betrachtung von endogenen Einflußvariablen $m(t)$ (d.h. direkte Netzeffekte) als ein nichtlineares System, andererseits als ein lineares System (ohne Berücksichtigung von direkten Netzeffekten) beschrieben werden kann.

7 Zur Vereinfachung der Schreibweise soll im folgenden die Bezeichnung Mittelwert weggelassen werden.

8 Auch hier soll zur Vereinfachung der Schreibweise die Bezeichnung Mittelwert entfallen.

Für den Mittelwert gilt:

$$n_k^\alpha(t) = \sum_{\tilde{m}} \tilde{n}_k^\alpha \cdot P(\tilde{m}, t) \tag{5.8}$$

$$\frac{dn_k^\alpha(t)}{dt} = \sum_{\tilde{m}} \tilde{n}_k^\alpha \cdot \frac{dP(\tilde{m}, t)}{dt} \tag{5.9}$$

Der Mittelwert der konfiguralen Übergangsrate $\overline{w_{ij}^\alpha(\tilde{m}, t)}$ ist ungefähr gleich dem Mittelwert der konfiguralen Übergangsrate $w_{ij}^\alpha(m(t))$ im Fall eines deltaförmigen Verlaufs.

$$\overline{w_{ij}^\alpha(\tilde{m}, t)} \approx w_{ij}^\alpha(m(t)) \tag{5.10}$$

Unter Berücksichtigung von (5.9) und der Relation für eine unimodale Verteilung (siehe (5.10)) können die folgenden genäherten Mittelwertgleichungen aufgestellt werden (vgl. Weidlich/Haag (1988), S. 28; vgl. Weidlich (2002), S. 60).

Es folgen die genäherten Mittelwertgleichungen:[9]

$$\frac{dn_k^\alpha(t)}{dt} = \underbrace{\sum_{\substack{i=1\\i\neq k}}^{L} w_{ik}^\alpha\left(m(t)\right)}_{\text{Zuflußterm}} - \underbrace{\sum_{\substack{j=1\\j\neq k}}^{L} w_{kj}^\alpha\left(m(t)\right)}_{\text{Abflußterm}} \tag{5.11}$$

mit:

$n_k^\alpha(t)$:	Anzahl der Adoptoren bzw. potentielle Adoptoren der Alternative k
$m(t)$:	Mittlere Entwicklung des Marktes (Marktvektor)
$w_{ik}^\alpha(m(t))$:	Konfigurale Übergangsrate von der Alternative i nach k, mit $w_{ik}^\alpha(m(t)) = p_{ik}^\alpha(m(t)) \cdot n_i^\alpha(t)$ innerhalb der Konsumentengruppe α
$p_{ik}^\alpha(m(t))$:	Wechselwahrscheinlichkeit von der Alternative i nach k
$w_{kj}^\alpha(m(t))$:	Konfigurale Übergangsrate von der Alternative k nach j, mit $w_{kj}^\alpha(m(t)) = p_{kj}^\alpha(m(t)) \cdot n_k^\alpha(t)$ innerhalb der Konsumentengruppe α
$p_{kj}^\alpha(m(t))$:	Wechselwahrscheinlichkeit von der Alternative k nach j
P :	Anzahl der Konsumentengruppen: $\alpha = 1, ..., P$
L :	Anzahl der Alternativen
i, k, j :	Indizes für die Alternativen

Das mit (5.11) erhaltene Differentialgleichungssystem stellt einen sehr allgemeinen Ansatz für die dynamische Entwicklung der Marktkonfiguration $m(t)$ dar. Für die Anpassung dieser sehr allgemeinen Beschreibung gilt es daher, die konfiguralen Übergangsraten $w_{ik}^\alpha(m(t))$, d.h. insbesondere die Wechselwahrscheinlichkeiten $p_{ik}^\alpha(m(t))$, in den folgenden Abschnitten genauer zu spezifizieren.

9 Zur Herleitung der genäherten Mittelwertgleichungen siehe Weidlich und Haag (vgl. Weidlich/Haag (1988), S. 26 f.).

5.4 Modellierung der Wechselwahrscheinlichkeiten

Die Änderung einer Verhaltsweise kann mittels *Wechselwahrscheinlichkeiten* $p_{ij}^{\alpha}(m(t))$ modelliert werden. Sie gibt die Wahrscheinlichkeit des Wechsels von der Alternative i zu j zum Zeitpunkt t innerhalb der Konsumentengruppe α an. Die Abhängigkeit der Wechselwahrscheinlichkeit $p_{ij}^{\alpha}(m(t))$ vom Verbreitungsgrad eines Produktes im Form von $m(t)$ ist bereits aus der Herleitung der genäherten Mittelwertgleichungen bzw. aus der Mastergleichung ersichtlich. Somit berücksichtigen die genäherten Mittelwertgleichungen (siehe (5.11)) für die Abbildung von direkten Netzeffekten endogene Einflußgrößen. Ferner sollten aber auch weitere diffusionsbestimmende Faktoren in Form von Aktionsparametern $s_i^{\alpha}(t)$ einbezogen werden, die den Ausbreitungsprozeß von neuen Produkten beeinflussen. Dazu können die im Rahmen von Marktuntersuchungen identifizierten Produkteigenschaften, Marketingmaßnahmen oder auch soziodemographische Merkmale der potentiellen Adoptoren bzw. Adoptoren herangezogen werden. Aus Modellierungsaspekten der p_{ij}^{α} wird von einem homogenen Entscheidungsverhalten der Adoptoren bzw. potentiellen Adoptoren innerhalb einer Konsumentengruppe α ausgegangen. Die Homogenitätsannahme des Konsumentenverhaltens innerhalb einer Konsumentengruppe α begrenzt die für empirische Untersuchungen notwendigen Daten und reduziert damit die für Simulationszwecke notwendigen Aktionsparameter.[10]

[10] Sonst müßte jedem Konsumenten eine eigene Nutzenfunktion zugeordnet werden.

Die Wechselwahrscheinlichkeiten $p_{ij}^{\alpha}\left(m(t), s_i^{\alpha}(t), s_j^{\alpha}(t)\right)$ hängen daher nicht nur vom Marktvektor $m(t)$ sondern auch von Aktionsparametern $s_i^{\alpha}(t), s_j^{\alpha}(t)$ der Alternativen i und j und der Konsumentengruppe α ab.[11] Neben der empirischen Erhebung[12] der $p_{ij}^{\alpha}\left(m(t), s_i^{\alpha}(t), s_j^{\alpha}(t)\right)$ durch entsprechende Marktuntersuchungen, lassen sich für die Modellierung der Wechselwahrscheinlichkeiten Anforderungen entwickeln, die für Netzeffektgüter relevant sind (vgl. Schoder (1995), S. 80 ff.):

1. *Produktbezogene* Präferenzen können je nach Wahl der zugrundeliegenden Nutzenfunktion und der entsprechenden Güterkategorie in einen Basisnutzen, Zusatznutzen und einen Netzeffektnutzen unterteilt werden.
2. *Individuelle* Präferenzen für ein Produkt sind unabhängig vom Verhalten der anderen Konsumentengruppen anzusehen und stellen z.B. eine Bevorzugung oder Ablehnung eines bestimmten Produktes in den Vordergrund.
3. *Sozioökonomische* Präferenzen entstehen aus dem Orientierungsverhalten eines Konsumenten zu anderen Konsumenten. Diese Ausrichtung der Entscheidung an den mehrheitlich getroffenen Entscheidungen beinhaltet synergetische Effekte und kann als ein typischer Ausbreitungsprozeß für Netzeffektgüter interpretiert werden. In diesem Zusammenhang spielt der Verbreitungsgrad des Produktes oder Dienstes im Form von $m(t)$ eine entscheidende Rolle, der bereits bei der Modellierung der Nutzenfunktionen berücksichtigt wurde.

---

11 Der Audruck $p_{ij}^{\alpha}\left(m(t), s_i^{\alpha}(t), s_j^{\alpha}(t)\right)$ stellt strenggenommen eine andere Funktion als $p_{ij}^{\alpha}(m(t))$ dar.

12 Weidlich und Haag haben das Migrationsverhalten von Populationen untersucht (vgl. Weidlich/Haag (1988); vgl. Haag (1989)). Dazu lagen entsprechende empirische Daten über das Wechselverhalten vor, aus denen mittels eines Schätzverfahrens die Nutzenkomponenten ermittelt werden konnten. In den vorliegenden Anwendungsfällen liegen diese aber meist nicht vor, so daß die Wechselwahrscheinlichkeiten berechnet und flexibel für die Entwicklung eines Simulationsmodells modelliert werden.

4. Ferner können *marktspezifische* Komponenten das Wechselverhalten beeinflussen. Zu nennen wären z.B. hohe Wechselkosten, die sich diffusionshemmend für einen Wechsel zu einer anderen Technologie auswirken können.

5. Die *Höhe der Nutzendifferenz* zwischen den betrachteten Alternativen kann als ein Kriterium für die Wahrscheinlichkeit des Wechsels von der Alternative i zu einer anderen Alternative j interpretiert werden. Die Modellierung der Höhe des Einflusses von Nutzendifferenzen auf die Wechselwahrscheinlichkeiten kann durch eine Transformationsfunktion φ erfolgen, die im weiteren Verlauf der Arbeit genauer spezifiziert wird.

Mit den oben genannten Anforderungen und den dynamischen Nutzenfunktionen (siehe Kapitel 4.1.1.5) ist ein Ansatz zu entwickeln, bei der Verhaltenspräferenzen der potentiellen Adoptoren bzw. Adoptoren von der Alternative i zu einer Alternative j durch Nutzendifferenzen berücksichtigt werden. Als Ansatzpunkte für die Modellierung können Verfahren gewählt werden, die durch einen exponentiellen Ansatz[13] beschrieben werden (vgl. Weidlich (1992), S. 44; vgl. Haag (1989), S. 70; vgl. Weidlich (2002), S. 82; vgl. Woeckener (1993), S. 122 f.).

[13] Die Motivation des exponentiellen Ansatzes wird vor allem wegen der mathematischen Eigenschaften begründet. Siehe hierzu auch die Ansatzpunkte bei Schoder ((1995), S. 82).

$$\overline{p}_{ij}^{\alpha}\left(s_i^{\alpha}(t), s_j^{\alpha}(t), m(t)\right) = \nu \cdot e^{\left(U_j^{\alpha}(m(t), s_j^{\alpha}(t)) - U_i^{\alpha}(m(t), s_i^{\alpha}(t))\right)} \tag{5.12}$$

mit:

$\overline{p}_{ij}^{\alpha}\left(s_i^{\alpha}(t), s_j^{\alpha}(t), m(t)\right)$:	Wechselwahrscheinlichkeit bei insgesamt *zwei* Alternativen von i nach j innerhalb der Konsumentengruppe α
$m(t)$:	Entwicklung des Marktes (Marktvektor) $m(t) = \left(n_1^1(t), ..., n_L^1(t), ..., n_i^{\alpha}(t), ..., n_1^P(t), ..., n_L^P(t)\right)'$
ν :	Normierungsparameter[14], der $\overline{p}_{ij}^{\alpha}$ zwischen $0 \leq \overline{p}_{ij}^{\alpha} \leq 1$ normiert
$s_i^{\alpha}(t)$:	Vektor der Aktionsparameter der Alternative i der Konsumentengruppe α, $s_i^{\alpha}(t) = \left(s_{i,1}^{\alpha}(t), ..., s_{i,\widetilde{R}}^{\alpha}(t)\right)'$, $i = 1$; $s_i^{\alpha}(t) = \left(s_{i,1}^{\alpha}(t), ..., s_{i,R}^{\alpha}(t)\right)'$, $i > 1$ $R, \widetilde{R}$: Anzahl der Aktionsparameter (siehe (4.9)), z.B. $s_{i,1}^{\alpha}(t)$: Preis; $s_{i,2}^{\alpha}(t)$: Service
$U_j^{\alpha}(m(t), s_j^{\alpha}(t))$, $U_i^{\alpha}(m(t), s_i^{\alpha}(t))$:	Nutzenfunktion der Alternativen j und i der Konsumentengruppe α

14 Wird in der Literatur unterschiedlich interpretiert (vgl. Weidlich/Haag (1988), S. 16 f.; vgl. Haag (1989), S. 82; vgl. Schoder (1995), S. 83).

Während der Ansatz (5.12) i.d.R. bei zwei zur Auswahl stehenden Alternativen genutzt werden kann, ist für die Entwicklung eines flexiblen Ansatzes bei mehr als zwei Alternativen die Berücksichtigung des Zeilensummenkriteriums $\left(\sum_{j=1}^{L} p_{ij}^{\alpha} = 1\right)$ eine wichtige Voraussetzung.

Darüber hinaus soll zu einer flexiblen Modellierung der Wechselwahrscheinlichkeiten $p_{ij}^{\alpha}\left(m(t), s_j^{\alpha}(t), s_i^{\alpha}(t), a, b\right)$ die Höhe des Einflusses der Nutzendifferenzen $d_{ij}^{\alpha}\left(m(t), s_j^{\alpha}(t), s_i^{\alpha}(t)\right)$ über eine Transformationsfunktion φ mit den Parametern a, b beschrieben werden.[15]

Der Nutzen $U_i^{\alpha}(m(t), s_i^{\alpha}(t))$ für eine Alternative i wird bei netzeffektbasierten Gütern aus einer Marktaufteilung $m(t)$ und den Aktionsparametern $s_i^{\alpha}(t)$ gebildet.[16] Der Wertebereich der Nutzenfunktion wird auf den Bereich $0 \leq U_i^{\alpha}(m(t), s_i^{\alpha}(t)) \leq 1$ normiert. Während $m(t)$ als eine endogene Einflußvariable betrachtet werden kann, sind die Aktionsparameter $s_i^{\alpha}(t)$, wie z.B. der Preis, als exogene Einflußgrößen durch den Anbieter in einem begrenzten Umfang selbst beeinflußbar. Der Wechsel von einer Alternative i zu einer anderen Alternative j wird über die Nutzendifferenz $d_{ij}^{\alpha}\left(m(t), s_i^{\alpha}(t), s_j^{\alpha}(t)\right) = U_j^{\alpha}\left(m(t), s_j^{\alpha}(t)\right) - U_i^{\alpha}(m(t), s_i^{\alpha}(t))$ bestimmt, wobei nur ein Wechsel von einer geringer bewerteten Alternative zu einer höher bewerteten Alternative erfolgen soll.

Für die Berechnung der Wechselwahrscheinlichkeiten $p_{ij}^{\alpha}\left(m(t), s_j^{\alpha}(t), s_i^{\alpha}(t), a, b\right)$ bzw. $p_{ii}^{\alpha}(m(t), s_i^{\alpha}(t), a, b)$ wird ein Ansatz nach (5.13) gewählt, wobei wesentliche Eigenschaften der Wechselwahrscheinlichkeiten durch eine Transformationsfunktion φ mit den Parametern a, b festgelegt werden.

---

15 Strenggenommen stellt der Ausdruck $p_{ij}^{\alpha}\left(m(t), s_j^{\alpha}(t), s_i^{\alpha}(t), a, b\right)$ mit den Parametern eine andere Funktion als $p_{ij}^{\alpha}\left(m(t), s_j^{\alpha}(t), s_i^{\alpha}(t)\right)$ dar.

16 Für die Formulierung eines allgemeinen Ansatzes wird zunächst von einer kontinuierlichen Zeitbetrachtung ausgegangen. Bei einer diskreten Zeitbetrachtung des Nutzens siehe Kapitel 4.1.1.5.

$$p_{ij}^{\alpha}\left(m(t), s_j^{\alpha}(t), s_i^{\alpha}(t), a, b\right) = \frac{\varphi\left(d_{ij}^{\alpha}\left(m(t), s_j^{\alpha}(t), s_i^{\alpha}(t)\right), a, b\right)}{\sum_{j=1}^{L} \varphi\left(d_{ij}^{\alpha}\left(m(t), s_j^{\alpha}(t), s_i^{\alpha}(t)\right), a, b\right)} \tag{5.13}$$

$p_{ij}^{\alpha}\left(m(t), s_j^{\alpha}(t), s_i^{\alpha}(t), a, b\right)$: Wechselwahrscheinlichkeit von der Alternative i nach j in der Konsumentengruppe α

P : Anzahl der Konsumentengruppen: $\alpha = 1, ..., P$

L : Anzahl der Alternativen; i, j : Indizes der Alternativen

$s_i^{\alpha}(t)$: Vektor der Aktionsparameter der Alternative i der Konsumentengruppe α,
$s_i^{\alpha}(t) = \left(s_{i,1}^{\alpha}(t), ..., s_{i,\widetilde{R}}^{\alpha}(t)\right)'$, $i = 1$; $s_i^{\alpha}(t) = \left(s_{i,1}^{\alpha}(t), ..., s_{i,R}^{\alpha}(t)\right)'$, $i > 1$
$R, \widetilde{R}$: Anzahl der Aktionsparameter (siehe (4.9)),
z.B. $s_{i,1}^{\alpha}(t)$: Preis; $s_{i,2}^{\alpha}(t)$: Service

$p_{ii}^{\alpha}\left(m(t), s_i^{\alpha}(t), a, b\right)$: Wahrscheinlichkeit für Markentreue bei Alternative i

$U_i^{\alpha}\left(m(t), s_i^{\alpha}(t)\right)$: Nutzenfunktion der Alternative i, $0 \leq U_i^{\alpha}\left(m(t), s_i^{\alpha}(t)\right) \leq 1$

$d_{ij}^{\alpha}\left(m(t), s_j^{\alpha}(t), s_i^{\alpha}(t)\right)$: Nutzendifferenzen zwischen den Alternativen i und j
$d_{ij}^{\alpha}\left(m(t), s_j^{\alpha}(t), s_i^{\alpha}(t)\right) = \max\left\{0, U_j^{\alpha}\left(m(t), s_j^{\alpha}(t)\right) - U_i^{\alpha}\left(m(t), s_i^{\alpha}(t)\right)\right\}, \forall i \neq j$,
$d_{ii}^{\alpha}\left(m(t), s_i^{\alpha}(t)\right) = U_i^{\alpha}\left(m(t), s_i^{\alpha}(t)\right)$, $i = j$

$\varphi\left(d_{ij}^{\alpha}\left(m(t), s_i^{\alpha}(t), s_j^{\alpha}(t)\right), a, b\right)$: Transformationsfunktion mit den Parametern a, b

Eine gewählte Transformationsfunktion φ ist in (5.14) dargestellt.

$$\varphi\left(d_{ij}^{\alpha}\left(m(t), s_i^{\alpha}(t), s_j^{\alpha}(t)\right), a, b\right) = 1 - e^{-a\left(d_{ij}^{\alpha}\left(m(t), s_i^{\alpha}(t), s_j^{\alpha}(t)\right)\right)^b}, \tag{5.14}$$

$$\underline{a} \leq a \leq \overline{a}, \ \underline{b} \leq b \leq \overline{b}$$

$$\underline{a}, \underline{b}: \quad \text{Untere Grenzen, } \underline{a}, \underline{b} \geq 0$$

$$\overline{a}, \overline{b}: \quad \text{Obere Grenzen, } \overline{a}, \overline{b} \geq 0$$

Die Abbildungen 5.1 und 5.2 zeigen bei Variation der Parameter a und b den funktionalen Zusammenhang zwischen der Nutzendifferenz d_{ij}^{α} und der Transformationsfunktion $\varphi\left(d_{ij}^{\alpha}\right)$. Mit der Wahl einer Parameterkonstellation wird die Höhe des Einflusses der Wechselwahrscheinlichkeiten auf den Diffusionsprozeß bestimmt.

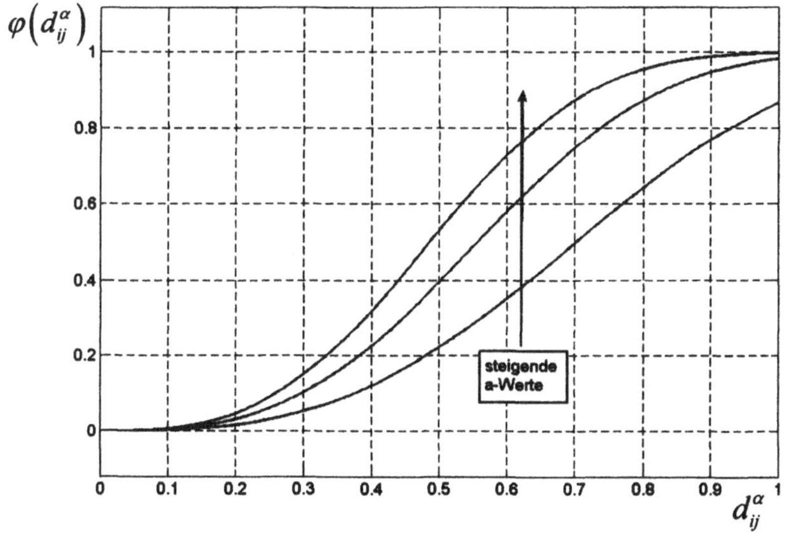

Abbildung 5.1: Beispiel für die Variation des Parameters a

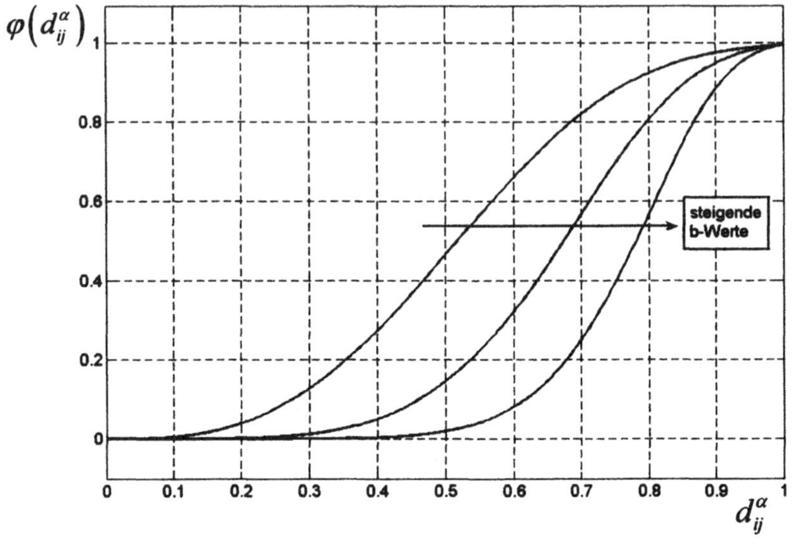

Abbildung 5.2: Beispiel für die Variation des Parameters b

5.5 Kontinuierlicher Modellansatz

5.5.1 Kontinuierliches Grundmodell

Im Mittelpunkt der folgenden Betrachtung steht die Entwicklung eines kombinierten Modellansatzes. Aus den einzelnen Entwicklungsschritten (siehe Abbildung 5.3) zur Definition der Nutzenfunktionen (siehe Kapitel 4.1.1.5), der Wechselwahrscheinlichkeiten (siehe in (5.13)) und den Mittelwertgleichungen (siehe in (5.11)) resultiert das in (5.15) dargestellte nichtlineare Differentialgleichungssystem ($P \cdot L$ Gleichungen).

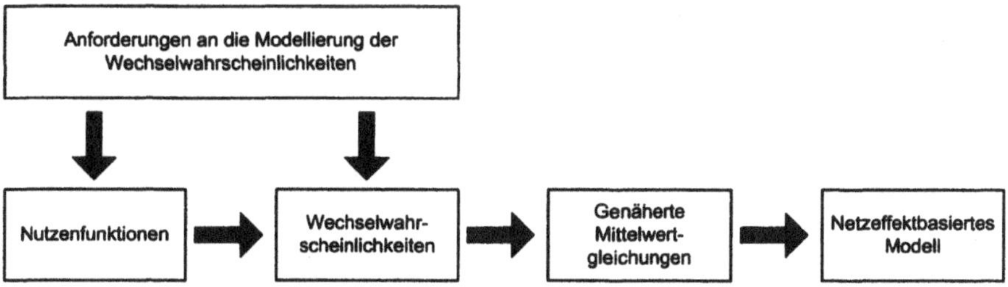

Abbildung 5.3: Schritte der Modellentwicklung

Die zeitliche Änderung von $\frac{dn_k^\alpha(t)}{dt}$ in (5.15) resultiert aus der Differenz eines Zufluß- und Abflußterms.

1. Ausdruck $p_{ik}^\alpha\,(m(t), s_i^\alpha(t), s_k^\alpha(t), a, b)$ des Zuflußterms gibt die dynamische Wechselwahrscheinlichkeit innerhalb der Konsumentenkategorie α von der Alternative i nach k an. Dieser Ausdruck wird mit der Anzahl der Adoptoren bzw. der potentiellen Adoptoren $n_i^\alpha(t)$ aller Alternativen $(i \neq k)$ multipliziert.

2. Der Ausdruck $p^{\alpha}_{kj}\left(m(t), s^{\alpha}_{k}(t), s^{\alpha}_{j}(t), a, b\right)$ des Abflußterms beschreibt in analoger Weise die Wechselwahrscheinlichkeiten innerhalb der Konsumentengruppe α von der Alternative k nach j, der mit der Anzahl der Adoptoren bzw. der potentiellen Adoptoren $n^{\alpha}_{k}(t)$ der betrachteten Alternative k zu allen Alternativen $(j \neq k)$ multipliziert wird.

$$\frac{dn_k^\alpha(t)}{dt} = \underbrace{\sum_{\substack{i=1\\i\neq k}}^{L} p_{ik}^\alpha\left(m(t), s_i^\alpha(t), s_k^\alpha(t), a, b\right)\cdot n_i^\alpha(t)}_{\text{Zuflußterm}} - \underbrace{\sum_{\substack{j=1\\j\neq k}}^{L} p_{kj}^\alpha\left(m(t), s_k^\alpha(t), s_j^\alpha(t), a, b\right)\cdot n_k^\alpha(t)}_{\text{Abflußterm}} \tag{5.15}$$

P :	Anzahl der Konsumentengruppen: $\alpha = 1, ..., P$
L :	Anzahl der Alternativen
k, i, j :	Indizes der Alternativen
$s_i^\alpha(t)$:	Vektor der Aktionsparameter der Alternative i der Konsumentengruppe α, $s_i^\alpha(t) = \left(s_{i,1}^\alpha(t), ..., s_{i,\widetilde{R}}^\alpha(t)\right)'$, $i = 1$; $s_i^\alpha(t) = \left(s_{i,1}^\alpha(t), ..., s_{i,R}^\alpha(t)\right)'$, $i > 1$ $R, \widetilde{R}$: Anzahl der Aktionsparameter (siehe (4.9)), z.B. $s_{i,1}^\alpha(t)$: Preis; $s_{i,2}^\alpha(t)$: Service
$m(t)$:	Marktaufteilung bzw. Marktvektor, $m(t) = \left(n_1^1(t), ..., n_L^1(t), ..., n_i^\alpha(t), ..., n_1^P(t), ..., n_L^P(t)\right)'$
a, b :	Parameter der Transformationsfunktion φ (siehe (5.14))
$n_k^\alpha(t), n_i^\alpha(t)$:	Anzahl der Adoptoren bzw. potentiellen Adoptoren der Alternative k, i zum Zeitpunkt t der Konsumentengruppe α
$n_k(t)$:	Anzahl der Adoptoren bzw. potentiellen Adoptoren der Alternative k zum Zeitpunkt t, mit $n_k(t) = \sum_{\alpha=1}^{P} n_k^\alpha(t)$
$p_{ik}^\alpha(m(t), s_i^\alpha(t), s_k^\alpha(t), a, b)$:	Wechselwahrscheinlichkeit von Alternative i nach k der Konsumentengruppe α
$p_{kj}^\alpha\left(m(t), s_k^\alpha(t), s_j^\alpha(t), a, b\right)$:	Wechselwahrscheinlichkeit von Alternative k nach j der Konsumentengruppe α

5.5.2 Matrizielle kontinuierliche Darstellung

Das in (5.15) vorgestellte Differentialgleichungssystem mit insgesamt $P \cdot L$ Gleichungen kann alternativ auch in matrizieller Form beschrieben werden. Die Anzahl der Gleichungen besteht aus den einzelnen Komponenten des Marktvektors $m(t)$.

$$\overset{\bullet}{m}(t) = \mathbf{W} \cdot m(t) \tag{5.16}$$

mit:

$m(t)$: Marktaufteilung (Marktvektor) zum Zeitpunkt t
$m(t) = \left(n_1^1(t), ..., n_L^1(t), ..., n_i^\alpha(t), ..., n_1^P(t), ..., n_L^P(t)\right)'$

$\overset{\bullet}{m}(t)$: Differentielle Form des Marktvektors
$\overset{\bullet}{m}(t) = \left(\frac{dn_1^1(t)}{dt}, ..., \frac{dn_L^1(t)}{dt}, ..., \frac{dn_1^P(t)}{dt}, ..., \frac{dn_L^P(t)}{dt}\right)'$

$\mathbf{W}$: Systemmatrix $\mathbf{W}$, die als Elemente die Wechselwahrscheinlichkeiten $p_{ij}^\alpha\left(m(t), s_j^\alpha(t), s_i^\alpha(t), a, b\right)$ beinhaltet

Die Eigenschaften des Differentialgleichungssystems werden vor allem durch die Komponenten und die Struktur der $\mathbf{W}$ Matrix (siehe in (5.21), Seite 132) bestimmt. Je nach Abhängigkeit der Elemente der $\mathbf{W}$ Matrix, d.h. der Abhängigkeit der Wechselwahrscheinlichkeiten $p_{ij}^\alpha\left(m(t), s_j^\alpha(t), s_i^\alpha(t), a, b\right)$ von exogenen Einflußvariablen $\left(s_j^\alpha(t), s_i^\alpha(t)\right)$ bzw. endogenen Einflußvariablen $m(t)$, ist das System durch lineare bzw. nichtlineare Eigenschaften gekennzeichnet. In diesem Zusammenhang können die folgenden Fälle unterschieden werden:

1. Systemmatrix $\mathbf{W}$ ist konstant: Es liegt ein *lineares* System vor.

2. Bei zeitabhängigen exogenen Einflüssen der Systemmatrix $\mathbf{W}(t)$ liegt ein *lineares* System vor.

3. Bei zeitabhängigen endogenen Einflüssen der Systemmatrix $\mathbf{W}(m(t))$ liegt ein *nichtlineares* System vor.

4. Bei zeitabhängigen endogenen und exogenen Einflüssen der Systemmatrix $\mathbf{W}(m(t), t)$ liegt ein *nichtlineares* System vor.

Es gilt in matrizieller Darstellung:

$$\begin{pmatrix} \frac{dn_1^1(t)}{dt} \\ \vdots \\ \frac{dn_L^1(t)}{dt} \\ \vdots \\ \frac{dn_1^P(t)}{dt} \\ \vdots \\ \frac{dn_L^P(t)}{dt} \end{pmatrix} = \mathbf{W}(m(t), t) \cdot \begin{pmatrix} n_1^1(t) \\ \vdots \\ n_L^1(t) \\ \vdots \\ n_1^P(t) \\ \vdots \\ n_L^P(t) \end{pmatrix} \tag{5.17}$$

$$\overset{\bullet}{m}(t) = \mathbf{W}(m(t), t) \cdot m(t) \tag{5.18}$$

Die $\mathbf{W}(m(t), t)$ Matrix besteht aus insgesamt P Teilmatrizen, die nur auf der Hauptdiagonalen durch die Teilmatrizen $\mathbf{W}^{\alpha}(m(t), t)$ besetzt sind. Diese Eigenschaft resultiert aus dem unterstellten Zusammenhang, daß nur ein Wechselverhalten zwischen den verschiedenen Alternativen innerhalb einer Konsumentengruppe erfolgt.

$$\mathbf{W}\left(m\left(t\right),t\right)=\begin{pmatrix}\mathbf{W}^{1}\left(m\left(t\right),t\right) & 0 & \cdots & 0\\ 0 & \mathbf{W}^{2}\left(m\left(t\right),t\right) & \cdots & 0\\ \vdots & \vdots & \ddots & \vdots\\ 0 & 0 & \cdots & \mathbf{W}^{P}\left(m\left(t\right),t\right)\end{pmatrix} \tag{5.19}$$

mit:

$\mathbf{W}\left(m\left(t\right),t\right)$:	Systemmatrix
$\mathbf{W}^{\alpha}\left(m\left(t\right),t\right)$:	Teilmatrix der Konsumentengruppe α
P :	Anzahl der Konsumentengruppen: $\alpha=1,...,P$

Die Struktur der einzelnen Teilmatrizen $\mathbf{W}^{\alpha}(m(t),t)\,,\alpha = 1,...,P$ ergibt sich aus den Abflußtermen auf der Hauptdiagonalen und den Zuflußtermen auf den Nebendiagonalen.

$$\mathbf{W}^{\alpha}(m(t),t) = \begin{pmatrix} -\sum\limits_{\substack{j=1\\j\neq 1}}^{L} p_{1j}^{\alpha}(m(t),t) & p_{21}^{\alpha}(m(t),t) & \cdots & p_{L-1,1}^{\alpha}(m(t),t) & p_{L1}^{\alpha}(m(t),t) \\ p_{12}^{\alpha}(m(t),t) & -\sum\limits_{\substack{j=1\\j\neq 2}}^{L} p_{2j}^{\alpha}(m(t),t) & \cdots & p_{L-1,2}^{\alpha}(m(t),t) & p_{L2}^{\alpha}(m(t),t) \\ \vdots & \vdots & \vdots & \vdots & \vdots \\ p_{1,L-1}^{\alpha}(m(t),t) & p_{2,L-1}^{\alpha}(m(t),t) & \cdots & -\sum\limits_{\substack{j=1\\j\neq L-1}}^{L} p_{L-1,j}^{\alpha}(m(t),t) & p_{L,L-1}^{\alpha}(m(t),t) \\ p_{1L}^{\alpha}(m(t),t) & p_{2L}^{\alpha}(m(t),t) & \cdots & p_{L-1,L}^{\alpha}(m(t),t) & -\sum\limits_{\substack{j=1\\j\neq L}}^{L} p_{Lj}^{\alpha}(m(t),t) \end{pmatrix} \tag{5.20}$$

Zur Vereinfachung der Schreibweise wird anstatt $p_{ij}^{\alpha}\left(m(t), s_j^{\alpha}(t)\,, s_i^{\alpha}(t)\,, a, b\right)$ bei der Matrizendarstellung $p_{ij}^{\alpha}(m(t),t)$ für die Beschreibung der Wechselwahrscheinlichkeiten gewählt.

Alternativ zu (5.15) erfolgt eine kompakte Systembeschreibung über alle Konsumentengruppen in (5.21).

$$\begin{pmatrix} \frac{dn_1^1(t)}{dt} \\ \vdots \\ \frac{dn_L^1(t)}{dt} \\ \vdots \\ \frac{dn_1^P(t)}{dt} \\ \vdots \\ \frac{dn_L^P(t)}{dt} \end{pmatrix} = \underbrace{\begin{pmatrix} -\sum\limits_{\substack{j=1\\j\neq 1}}^{L} p_{1j}^1(m(t),t) & \cdots & p_{L1}^1(m(t),t) & & & & \\ \vdots & \ddots & \vdots & & & & \\ p_{1L}^1(m(t),t) & \cdots & -\sum\limits_{\substack{j=1\\j\neq L}}^{L} p_{Lj}^1(m(t),t) & & & & \\ & & & \ddots & & & \\ & & & & -\sum\limits_{\substack{j=1\\j\neq 1}}^{L} p_{1j}^P(m(t),t) & \cdots & p_{L1}^P(m(t),t) \\ & & & & \vdots & \ddots & \vdots \\ & & & & p_{1L}^P(m(t),t) & \cdots & -\sum\limits_{\substack{j=1\\j\neq L}}^{L} p_{Lj}^P(m(t),t) \end{pmatrix}}_{\mathbf{W}(m(t),t)} \begin{pmatrix} n_1^1(t) \\ \vdots \\ n_L^1(t) \\ \vdots \\ n_1^P(t) \\ \vdots \\ n_L^P(t) \end{pmatrix} \tag{5.21}$$

5.6 Diskreter Modellansatz

5.6.1 Diskretes Grundmodell

Bei der Lösung nichtlinearer Differentialgleichungen bzw. nichtlinearer Differentialgleichungssysteme werden häufig numerische Verfahren[17] verwendet, da die Lösung in einer geschlossenen, analytischen Form nicht in allen Fällen angegeben werden kann. Aufgrund des vorliegenden Datenmaterials, das nur zeitdiskret $t = 1, ..., T$ mit gleichen Periodenlängen aus empirischen Untersuchungen zur Verfügung steht, wird als Diskretisierungsansatz die Polygonzugmethode von Euler (vgl. Schwarz (1993), S. 368 f.) mit einer Schrittweite $\widehat{h} = 1$ gewählt. Es folgt ein diskretisiertes System in (5.22).

[17] Numerische Verfahren zum Lösen von Differentialgleichungen siehe Schwarz ((1993), S. 368 ff.).

$$n_{k,t+1}^{\alpha} = n_{k,t}^{\alpha} + \underbrace{\sum_{\substack{i=1\\ i\neq k}}^{L} p_{ik,t}^{\alpha}\left(m_t, s_{i,t}^{\alpha}, s_{k,t}^{\alpha}, a, b\right) \cdot n_{i,t}^{\alpha}}_{\text{Zuflußterm}} - \underbrace{\sum_{\substack{j=1\\ j\neq k}}^{L} p_{kj,t}^{\alpha}\left(m_t, s_{k,t}^{\alpha}, s_{j,t}^{\alpha}, a, b\right) \cdot n_{k,t}^{\alpha}}_{\text{Abflußterm}}, \quad t = 1, ..., T-1 \tag{5.22}$$

P :	Anzahl der Konsumentengruppen: $\alpha = 1, ..., P$
L :	Anzahl der Alternativen
k, i, j :	Indizes der Alternativen
$s_{i,t}^{\alpha}$:	Vektor der Aktionsparameter der Alternative i der Konsumentengruppe α, $s_{i,t}^{\alpha} = \left(s_{i,t,1}^{\alpha}, ..., s_{i,t,\widetilde{R}}^{\alpha}\right)'$, $i = 1$; $s_{i,t}^{\alpha} = \left(s_{i,t,1}^{\alpha}, ..., s_{i,t,R}^{\alpha}\right)'$, $i > 1$ $R, \widetilde{R}$: Anzahl der Aktionsparameter (siehe (4.9)), z.B. $s_{i,t,1}^{\alpha}$: Preis; $s_{i,t,2}^{\alpha}$: Service
m_t:	Marktaufteilung bzw. Marktvektor, $m_t = \left(n_{1,t}^{1}, ..., n_{L,t}^{1}, ..., n_{i,t}^{\alpha}, ..., n_{1,t}^{P}, ..., n_{L,t}^{P}\right)'$
a, b :	Parameter der Transformationsfunktion φ (siehe (5.14))
$n_{k,t}^{\alpha}, n_{i,t}^{\alpha}$:	Anzahl der Adoptoren bzw. potentiellen Adoptoren der Alternative k, i zum Zeitpunkt t der Konsumentengruppe α
$n_{k,t}$:	Anzahl der Adoptoren bzw. potentiellen Adoptoren der Alternative k zum Zeitpunkt t, mit $n_{k,t} = \sum_{\alpha=1}^{P} n_{k,t}^{\alpha}$
$p_{ik,t}^{\alpha}\left(m_t, s_{i,t}^{\alpha}, s_{k,t}^{\alpha}, a, b\right)$:	Wechselwahrscheinlichkeit von Alternative i nach k der Konsumentengruppe α
$p_{kj,t}^{\alpha}\left(m_t, s_{k,t}^{\alpha}, s_{j,t}^{\alpha}, a, b\right)$:	Wechselwahrscheinlichkeit von Alternative k nach j der Konsumentengruppe α

Für die Wechselwahrscheinlichkeiten ergibt sich in einer zeitdiskreten Darstellung:

$$p_{ij,t}^{\alpha}\left(m_t, s_{j,t}^{\alpha}, s_{i,t}^{\alpha}, a, b\right) = \frac{\varphi\left(d_{ij,t}^{\alpha}\left(m_t, s_{j,t}^{\alpha}, s_{i,t}^{\alpha}\right), a, b\right)}{\sum\limits_{j=1}^{L} \varphi\left(d_{ij,t}^{\alpha}\left(m_t, s_{j,t}^{\alpha}, s_{i,t}^{\alpha}\right), a, b\right)} \tag{5.23}$$

$p_{ij,t}^{\alpha}\left(m_t, s_{j,t}^{\alpha}, s_{i,t}^{\alpha}, a, b\right)$:	Wechselwahrscheinlichkeit von der Alternative i nach j in der Konsumentengruppe α
P :	Anzahl der Konsumentengruppen: $\alpha = 1, ..., P$
L :	Anzahl der Alternativen; i, j : Indizes der Alternativen
$s_{i,t}^{\alpha}$:	Vektor der Aktionsparameter der Alternative i der Konsumentengruppe α, $s_{i,t}^{\alpha} = \left(s_{i,t,1}^{\alpha}, ..., s_{i,t,\widetilde{R}}^{\alpha}\right)'$, $i = 1$; $s_{i,t}^{\alpha} = \left(s_{i,t,1}^{\alpha}, ..., s_{i,t,R}^{\alpha}\right)'$, $i > 1$ $R, \widetilde{R}$: Anzahl der Aktionsparameter (siehe (4.9)), z.B. $s_{i,t,1}^{\alpha}$: Preis; $s_{i,t,2}^{\alpha}$: Service
$p_{ii,t}^{\alpha}\left(m_t, s_{i,t}^{\alpha}, a, b\right)$:	Wahrscheinlichkeit für Markentreue bei Alternative i in der Konsumentengruppe α
$U_{i,t}^{\alpha}\left(m_t, s_{i,t}^{\alpha}\right)$:	Nutzenfunktion der Alternative i, $0 \leq U_{i,t}^{\alpha}\left(m_t, s_{i,t}^{\alpha}\right) \leq 1$; siehe (4.9)
$d_{ij,t}^{\alpha}\left(m_t, s_{j,t}^{\alpha}, s_{i,t}^{\alpha}\right)$:	Nutzendifferenzen zwischen den Alternativen i und j $d_{ij,t}^{\alpha}\left(m_t, s_{j,t}^{\alpha}, s_{i,t}^{\alpha}\right) = \max\left\{0, U_{j,t}^{\alpha}\left(m_t, s_{j,t}^{\alpha}\right) - U_{i,t}^{\alpha}\left(m_t, s_{i,t}^{\alpha}\right)\right\}, \forall i \neq j,$ $d_{ii,t}^{\alpha}\left(m_t, s_{i,t}^{\alpha}\right) = U_{i,t}^{\alpha}\left(m_t, s_{i,t}^{\alpha}\right)$, $i = j$
$\varphi\left(d_{ij,t}^{\alpha}\left(m_t, s_{j,t}^{\alpha}, s_{i,t}^{\alpha}\right), a, b\right)$:	Transformationsfunktion (siehe (5.14)) mit den Parametern a, b

5.6.2 Matrizielle diskrete Darstellung

In Analogie zu Kapitel 5.5.2 erfolgt die Beschreibung eines Differenzengleichungssystems mit insgesamt $P \cdot L$ Gleichungen.

$$m_{t+1} = m_t + \mathbf{W}_t(m_t) \cdot m_t \tag{5.24}$$

mit:

m_t :	Marktaufteilung (Marktvektor) zum Zeitpunkt t
$\mathbf{W}_t(m_t)$:	Systemmatrix $\mathbf{W}_t$, die als Elemente die Wechselwahrscheinlichkeiten $p^{\alpha}_{ik,t}\left(m_t, s^{\alpha}_{i,t}, s^{\alpha}_{k,t}, a, b\right)$ für alle Konsumentengruppen beinhaltet

In Analogie zu Kapitel 5.5.2 und unter Berücksichtigung diskreter Zeitpunkte, setzt sich die $\mathbf{W}_t(m_t)$ Matrix aus insgesamt P Teilmatrizen zusammen.

$$\mathbf{W}_t(m_t) = \begin{pmatrix} \mathbf{W}^1_t(m_t) & 0 & \cdots & 0 \\ 0 & \mathbf{W}^2_t(m_t) & \cdots & 0 \\ \vdots & \vdots & \ddots & \vdots \\ 0 & 0 & \cdots & \mathbf{W}^P_t(m_t) \end{pmatrix} \tag{5.25}$$

mit:

$\mathbf{W}_t(m_t)$:	Systemmatrix
$\mathbf{W}^{\alpha}_t(m_t)$:	Teilmatrix der Konsumentengruppe α
P :	Anzahl der Konsumentengruppen

Die Struktur der einzelnen Teilmatrizen $\mathbf{W}_t^{\alpha}(m_t), \alpha = 1, ..., P$ ergibt sich aus den Abflußtermen auf der Hauptdiagonalen und den Zuflußtermen auf den Nebendiagonalen.

$$\mathbf{W}_t^{\alpha}(m_t) = \begin{pmatrix} -\sum\limits_{\substack{j=1 \\ j\neq 1}}^{L} p_{1j,t}^{\alpha}(m_t) & p_{21,t}^{\alpha}(m_t) & \cdots & p_{L-1,1,t}^{\alpha}(m_t) & p_{L1,t}^{\alpha}(m_t) \\ p_{12,t}^{\alpha}(m_t) & -\sum\limits_{\substack{j=1 \\ j\neq 2}}^{L} p_{2j,t}^{\alpha}(m_t) & \cdots & p_{L-1,2,t}^{\alpha}(m_t) & p_{L2,t}^{\alpha}(m_t) \\ \vdots & \vdots & \vdots & \vdots & \vdots \\ p_{1,L-1,t}^{\alpha}(m_t) & p_{2,L-1,t}^{\alpha}(m_t) & \cdots & -\sum\limits_{\substack{j=1 \\ j\neq L-1}}^{L} p_{L-1,j,t}^{\alpha}(m_t) & p_{L,L-1,t}^{\alpha}(m_t) \\ p_{1L,t}^{\alpha}(m_t) & p_{2L,t}^{\alpha}(m_t) & \cdots & p_{L-1,L,t}^{\alpha}(m_t) & -\sum\limits_{\substack{j=1 \\ j\neq L}}^{L} p_{Lj,t}^{\alpha}(m_t) \end{pmatrix} \tag{5.26}$$

Zur Vereinfachung der Schreibweise wird anstatt $p_{ij,t}^{\alpha}\left(m_t, s_{j,t}^{\alpha}, s_{i,t}^{\alpha}, a, b\right)$ für die Matrizendarstellung $p_{ij,t}^{\alpha}(m_t)$ für die Beschreibung der Wechselwahrscheinlichkeiten gewählt.

Alternativ zu (5.22) erfolgt eine matrizielle Systembeschreibung über alle Konsumentengruppen in (5.27) für $t = 1, ..., T-1$.

$$\begin{pmatrix} n^1_{1,t+1} \\ \vdots \\ n^1_{L,t+1} \\ \vdots \\ n^P_{1,t+1} \\ \vdots \\ n^P_{L,t+1} \end{pmatrix} = \begin{pmatrix} n^1_{1,t} \\ \vdots \\ n^1_{L,t} \\ \vdots \\ n^P_{1,t} \\ \vdots \\ n^P_{L,t} \end{pmatrix} + \underbrace{\begin{pmatrix} -\sum\limits_{\substack{j=1\\j\neq 1}}^{L} p^1_{1j,t}(m_t) & \cdots & p^1_{L1,t}(m_t) & & & & \\ \vdots & \ddots & \vdots & & & & \\ p^1_{1L,t}(m_t) & \cdots & -\sum\limits_{\substack{j=1\\j\neq L}}^{L} p^1_{Lj,t}(m_t) & & & & \\ & & & \ddots & & & \\ & & & & -\sum\limits_{\substack{j=1\\j\neq 1}}^{L} p^P_{1j,t}(m_t) & \cdots & p^P_{L1,t}(m_t) \\ & & & & \vdots & \ddots & \vdots \\ & & & & p^P_{1L,t}(m_t) & \cdots & -\sum\limits_{\substack{j=1\\j\neq L}}^{L} p^P_{Lj,t}(m_t) \end{pmatrix}}_{\mathbf{W}_t(m_t)} \begin{pmatrix} n^1_{1,t} \\ \vdots \\ n^1_{L,t} \\ \vdots \\ n^P_{1,t} \\ \vdots \\ n^P_{L,t} \end{pmatrix} \tag{5.27}$$

5.7 Abbildung integrierter Diffusions- und Wechselphasen

5.7.1 Diffusions- und Wechselphasen

Kennzeichnendes Beschreibungsmerkmal vieler Diffusionsmodelle ist die kumulierte Abbildung von Adoptionsentscheidungen im Zeitverlauf. Dabei wird in den meisten Fällen der Verbreitungsgrad von Technologien oder auch Produkten untersucht. Eine darüber hinausgehende Betrachtung von Rückbildungsprozessen bzw. ein Verharren auf einem bestimmten Niveau (siehe Kapitel 2.2.3) bei nicht erfolgreichen Produkteinführungen ist mit den klassischen Modellen der Diffusionstheorie nicht abbildbar. Ein der klassischen Diffusionstheorie unterstellter Zusammenhang, daß früher oder später alle potentiellen Mitglieder eines sozialen Systems ein Produkt oder eine Technologie adoptiert haben, muß demnach sehr kritisch gesehen werden.

Für die Modellierung eines flexiblen Ansatzes genügt es daher nicht, nur den idealen Verlauf abzubilden. Vielmehr werden im weiteren Diffusionsverlauf neben Rückbildungsprozessen auch Wechsel von einer Alternative zu einer anderen möglich sein. Es liegt daher nah, daß die beobachteten Rückbildungsprozesse auf andere Einflußfaktoren zurückzuführen sind als diejenigen, die für die Diffusionsphase Gültigkeit haben.

Der in (5.22) vorgestellte Ansatz wird durch einen zweistufigen Ansatz erweitert, indem die Diffusionsphase und die Wechselphase jeweils durch eine Transformationsfunktion abgebildet werden.

- In der *Diffusionsphase* wird das Verhalten der potentiellen Adoptoren berücksichtigt, die früher oder später eine zur Auswahl stehenden Alternative auswählen. Rückbildungsprozesse oder ein Wechsel zu einer anderen Alternativen sollen in dieser Phase ausgeschlossen werden.

- Mit der *Wechselphase* sollen vor allem Rückbildungsprozesse bzw. der Wechsel zu anderen Alternativen im Zeitverlauf betrachtet werden.

Um den Diffusions- und Wechselprozeß in einem integrierten Ansatz zu berücksichtigen, wird der Ansatz von (5.22) durch eine simultane Betrachtung von zwei verschiedenen Transformationsfunktionen φ_1 und φ_2 erweitert. Die Anwendung dieser Funktionen zeigt Abbildung 5.4.

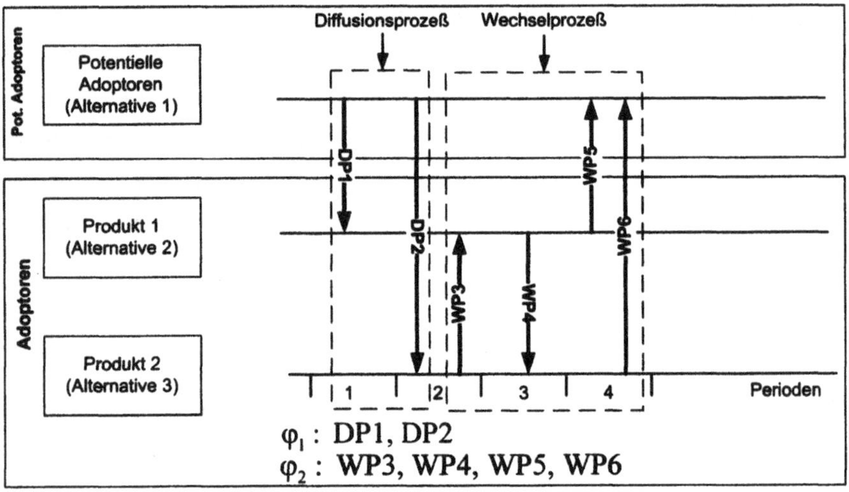

Abbildung 5.4: Verwendung von φ_1 und φ_2

Je nach Richtung des Diffusions- und Wechselprozesses erfolgt entweder die Verwendung von Transformationsfunktion φ_1 oder φ_2. Die Steuerung des Diffusionsprozesses (siehe DP1 und DP2 in Abbildung 5.4) von den potentiellen Adoptoren in Richtung der Adoptoren erfolgt mit der Transformationsfunktion φ_1. Für den Wechselprozeß, der sowohl zwischen den zur Auswahl stehenden Alternativen 2 und 3 (siehe WP3 und WP4) als auch in Richtung der potentiellen Adoptoren (Rückbildungsprozeß bei WP5 und WP6) erfolgt, wird die Funktion φ_2 gewählt. Da mit WP5 und WP6 häufig auch eine Produktrückgabe bzw. eine Kündigung (z.B. Mobilfunkvertrages) verbunden ist, wird hier auch von einem Rückbildungsprozeß gesprochen.

5.7.2 Methodische Erweiterung

In Anlehnung an die Struktur der Gleichungen der Transformationsfunktion von (5.14) folgt für φ_1 und φ_2 :

$$\varphi_1\left(d_{ij,t}^{\alpha}\left(m_t, s_{i,t}^{\alpha}, s_{j,t}^{\alpha}\right), a, b\right) = 1 - e^{-a\left(d_{ij,t}^{\alpha}\left(m_t, s_i^{\alpha}(t), s_j^{\alpha}(t)\right)\right)^b} \tag{5.28}$$

$$\underline{a} \leq a \leq \overline{a},\ \underline{b} \leq b \leq \overline{b}$$

$\underline{a}, \underline{b}$: Untere Grenzen, $\underline{a}, \underline{b} \geq 0$

$\overline{a}, \overline{b}$: Obere Grenzen, $\overline{a}, \overline{b} \geq 0$

$$\varphi_2\left(d_{ij,t}^{\alpha}\left(m_t, s_{i,t}^{\alpha}, s_{j,t}^{\alpha}\right), c, d\right) = 1 - e^{-c\left(d_{ij,t}^{\alpha}\left(m_t, s_i^{\alpha}(t), s_j^{\alpha}(t)\right)\right)^d} \tag{5.29}$$

$$\underline{c} \leq c \leq \overline{c},\ \underline{d} \leq d \leq \overline{d}$$

$\underline{c}, \underline{d}$: Untere Grenzen, $\underline{c}, \underline{d} \geq 0$

$\overline{c}, \overline{d}$: Obere Grenzen, $\overline{c}, \overline{d} \geq 0$

Für die Marktaufteilung gilt:

$$m_t = \left(n_{1,t}^{1}, ..., n_{L,t}^{1}, ..., n_{i,t}^{\alpha}, ..., n_{1,t}^{P}, ..., n_{L,t}^{P}\right)' \tag{5.30}$$

mit:

m_t : Marktaufteilung zum Zeitpunkt t (Marktvektor)

$n_{i,t}^{\alpha}$: Anzahl der potentiellen Adoptoren bzw.
Anzahl der Adoptoren der
Konsumentengruppe α der Alternative i zum Zeitpunkt t

P : Anzahl der Konsumentengruppen: $\alpha = 1, ..., P$

L : Anzahl der Alternativen $i, j = 1, ..., L$

i, j : Indizes für die Alternativen

Die Auswahl der entsprechenden Transformationsfunktion (φ_1 , φ_2) erfolgt mit (5.31) anhand des Diffusions- und Wechselprozesses.

$$p_{ij,t}^{\alpha}\left(m_t, s_{j,t}^{\alpha}, s_{i,t}^{\alpha}, a, b, c, d\right) = \left\{ \begin{array}{ll} \frac{\varphi_1\left(d_{ij,t}^{\alpha}\left(m_t, s_{j,t}^{\alpha}, s_{i,t}^{\alpha}\right), a, b\right)}{\sum_{j=1}^{L} \varphi_1\left(d_{ij,t}^{\alpha}\left(m_t, s_{j,t}^{\alpha}, s_{i,t}^{\alpha}\right), a, b\right)}, & \forall\, i = 1 \;\wedge\; j = 1, ..., L \\ \frac{\varphi_2\left(d_{ij,t}^{\alpha}\left(m_t, s_{j,t}^{\alpha}, s_{i,t}^{\alpha}\right), c, d\right)}{\sum_{j=1}^{L} \varphi_2\left(d_{ij,t}^{\alpha}\left(m_t, s_{j,t}^{\alpha}, s_{i,t}^{\alpha}\right), c, d\right)}, & \text{sonst} \end{array} \right\} \tag{5.31}$$

$p_{ij,t}^{\alpha}\left(m_t, s_{j,t}^{\alpha}, s_{i,t}^{\alpha}, a, b, c, d\right)$:	Wechselwahrscheinlichkeit von der Alternative i nach j in der Konsumentengruppe α
P :	Anzahl der Konsumentengruppen: $\alpha = 1, ..., P$
L :	Anzahl der Alternativen; i, j : Indizes der Alternativen
$s_{i,t}^{\alpha}$:	Vektor der Aktionsparameter der Alternative i der Konsumentengruppe α, $s_{i,t}^{\alpha} = \left(s_{i,t,1}^{\alpha}, ..., s_{i,t,\widetilde{R}}^{\alpha}\right)'$, $i = 1$; $s_{i,t}^{\alpha} = \left(s_{i,t,1}^{\alpha}, ..., s_{i,t,R}^{\alpha}\right)'$, $i > 1$ $R, \widetilde{R}$: Anzahl der Aktionsparameter (siehe (4.9)), z.B. $s_{i,t,1}^{\alpha}$: Preis; $s_{i,t,2}^{\alpha}$: Service
$p_{ii,t}^{\alpha}\left(m_t, s_{i,t}^{\alpha}, a, b\right)$:	Wahrscheinlichkeit für Markentreue bei Alternative i in der Konsumentengruppe α
$U_{i,t}^{\alpha}\left(m_t, s_{i,t}^{\alpha}\right)$:	Nutzenfunktion der Alternative i, $0 \leq U_{i,t}^{\alpha}\left(m_t, s_{i,t}^{\alpha}\right) \leq 1$; siehe (4.9)
$d_{ij,t}^{\alpha}\left(m_t, s_{j,t}^{\alpha}, s_{i,t}^{\alpha}\right)$:	Nutzendifferenzen zwischen den Alternativen i und j $d_{ij,t}^{\alpha}\left(m_t, s_{j,t}^{\alpha}, s_{i,t}^{\alpha}\right) = \max\left\{0, U_{j,t}^{\alpha}\left(m_t, s_{j,t}^{\alpha}\right) - U_{i,t}^{\alpha}\left(m_t, s_{i,t}^{\alpha}\right)\right\}, \forall i \neq j$, $d_{ii,t}^{\alpha}\left(m_t, s_{i,t}^{\alpha}\right) = U_{i,t}^{\alpha}\left(m_t, s_{i,t}^{\alpha}\right)$, $i = j$
$\varphi_1\left(d_{ij,t}^{\alpha}\left(m_t, s_{j,t}^{\alpha}, s_{i,t}^{\alpha}\right), a, b\right)$:	Transformationsfunktion 1 mit den Parametern a, b
$\varphi_2\left(d_{ij,t}^{\alpha}\left(m_t, s_{j,t}^{\alpha}, s_{i,t}^{\alpha}\right), c, d\right)$:	Transformationsfunktion 2 mit den Parametern c, d

Durch die separate Berücksichtigung von φ_1 und φ_2 können je nach Modellierungsaspekten unterschiedliche Situationen voneinander unterschieden werden:

1. Für den Fall einer ausschließlichen Diffusionsbetrachtung wird nur Transformationsfunktion φ_1 bei der Berechnung der Wechselwahrscheinlichkeiten genutzt (siehe D1 und D2 in Abbildung 5.4). Für die Transformationsfunktion wird $\varphi_2 = 0$ gesetzt.

2. Soll zum anderen nur ein Wechselprozeß, d.h. ein Wechsel zwischen den Alternativen betrachtet werden (siehe W3, W4, W5 und W6 in Abbildung 5.4), wird ausschließlich die Transformationsfunktion φ_2 gewählt und zugleich $\varphi_1 = 0$ gesetzt.

3. Im Fall einer simultanen Betrachtung von sowohl der Diffusions- als auch der Wechselphase werden beide Funktionen φ_1 und φ_2 betrachtet.

Der Vorteil bei der simultanen Berücksichtigung von zwei Transformationsfunktionen liegt im vorgeschlagenen Erweiterungsansatz vor allem in der Flexibilität und der daraus resultierenden Abbildung von charakteristischen Diffusionsmustern begründet, wie sie bei Netzeffektgütern (siehe Abbildung 2.6 in Kapitel 2.2.3.3) vorzufinden sind. Die Integration von Diffusions- und Wechselphasen in einem gemeinsamen Ansatz durch zwei Transformationsfunktionen gewinnt vor allem dann an Bedeutung, wenn der Diffusionsphase andere Einflußgrößen, d.h. Parameter der Transformationsfunktionen, zugrunde gelegt werden als für die Wechselphase. Diffusions- und Wechselprozesse könnten zwar schon in (5.22) durch *eine* Transformationsfunktion φ abgebildet werden kann, allerdings entfällt eine separate Modellierung dieser *zwei* Phasen. Die mit (5.32) erhalte integrierte Flexibilität des Ansatzes unterstreicht zudem die für eine entscheidungsrelevante Analyse notwendigen Anforderungen, um die unterschiedlichsten Anwendungsfälle in einem Simulationsmodell zu berücksichtigen.

Der mit (5.31) erweiterte Modellansatz ist in (5.32) verdeutlicht.

$$n^{\alpha}_{k,t+1} = n^{\alpha}_{k,t} + \underbrace{\sum_{\substack{i=1\\i\neq k}}^{L} p^{\alpha}_{ik,t}\left(m_t, s^{\alpha}_{i,t}, s^{\alpha}_{k,t}, a, b, c, d\right) \cdot n^{\alpha}_{i,t}}_{\text{Zuflußterm}} - \underbrace{\sum_{\substack{j=1\\j\neq k}}^{L} p^{\alpha}_{kj,t}\left(m_t, s^{\alpha}_{k,t}, s^{\alpha}_{j,t}, a, b, c, d\right) \cdot n^{\alpha}_{k,t}}_{\text{Abflußterm}}, \quad t = 1, ..., T-1 \quad (5.32)$$

P :	Anzahl der Konsumentengruppen: $\alpha = 1, ..., P$
L :	Anzahl der Alternativen
k, i, j :	Indizes der Alternativen
$s^{\alpha}_{i,t}$:	Vektor der Aktionsparameter der Alternative i der Konsumentengruppe α,
	$s^{\alpha}_{i,t} = \left(s^{\alpha}_{i,t,1}, ..., s^{\alpha}_{i,t,\widetilde{R}}\right)'$, $i = 1$; $s^{\alpha}_{i,t} = \left(s^{\alpha}_{i,t,1}, ..., s^{\alpha}_{i,t,R}\right)'$, $i > 1$
	$R, \widetilde{R}$: Anzahl der Aktionsparameter (siehe (4.9)), z.B. $s^{\alpha}_{i,t,1}$: Preis; $s^{\alpha}_{i,t,2}$: Service
m_t:	Marktaufteilung bzw. Marktvektor, $m_t = \left(n^1_{1,t}, ..., n^1_{L,t}, ..., n^{\alpha}_{i,t}, ..., n^P_{1,t}, ..., n^P_{L,t}\right)'$
a, b, c, d :	Parameter der Transformationsfunktion φ_1 bzw. φ_2 (siehe (5.31))
$n^{\alpha}_{k,t}, n^{\alpha}_{i,t}$:	Anzahl der Adoptoren bzw. potentiellen Adoptoren
	der Alternative k, i zum Zeitpunkt t der Konsumentengruppe α
$n_{k,t}$:	Anzahl der Adoptoren bzw. potentiellen Adoptoren
	der Alternative k zum Zeitpunkt t, mit $n_{k,t} = \sum_{\alpha=1}^{P} n^{\alpha}_{k,t}$
$p^{\alpha}_{ik,t}\left(m_t, s^{\alpha}_{i,t}, s^{\alpha}_{k,t}, a, b, c, d\right)$:	Wechselwahrscheinlichkeit von Alternative i nach k der Konsumentengruppe α
$p^{\alpha}_{kj,t}\left(m_t, s^{\alpha}_{k,t}, s^{\alpha}_{j,t}, a, b, c, d\right)$:	Wechselwahrscheinlichkeit von Alternative k nach j der Konsumentengruppe α

Kapitel 6

Modellsimulation

Nachdem in den letzten Kapiteln eine eher quantitative Beschreibung eines netzeffektbasierten Diffusionsmodells erarbeitet wurde, wird es in diesem Kapitel vor allem darum gehen, die Entscheidungsunterstützung bei operativen und strategischen Fragestellungen in den Mittelpunkt zu stellen. Hierbei steht weniger die konkrete Beschreibung einer programmtechnischen Realisierung als vielmehr der Anwendungsbezug und die Abbildung geeigneter Szenarien, eine Kalibrierung durch geeignete Optimierungsverfahren und die Anwendung von *What-If-* und *How-To-Achieve-Analysen* bei der Unterstützung von Entscheidungsprozessen im Mittelpunkt. Viele Planungsabteilungen benötigen vor allem geeignete „Methoden“ und „Werkzeuge“, um die Entwicklung von neuen Produkten, Diensten oder Technologien abzuschätzen. Insbesondere bei Netzeffektgütern mit direkten Netzeffekten kommt es darauf an, die Vielfalt an Diffusionsmustern in einem flexiblen und validierbaren Modellansatz abzubilden und darüber hinaus verschiedene Handlungsalternativen aufzuzeigen. Die Umsetzung der im letzten Kapitel vorgestellen Methode ist mit dem Programmpaket Matlab erfolgt, welches vor allem für Simulationsstudien und für mathematische Berechnungen, wie z.B. die in dieser Arbeit verwendeten Optimierungsverfahren, breite Anwendung in Forschung und Praxis gefunden hat.

Der Schwerpunkt dieses Kapitels liegt in einer detaillierten Vorstellung eines Phasenmodells, das mit dem entwickelten Simulationsmodell abgebildet wird und sich für die Darstellung konkreter Szenarien bewährt hat. Mit Kenntnissen über die einzelnen Phasen und deren Verknüpfung läßt sich modellgestützt eine Simulation für Netzeffektgüter mit direkten Netzeffekten realisieren. Es wird die Mobilfunkentwicklung in Deutschland im Zeitraum 1992-2004 für die zur Auswahl stehenden Alternativen (hier: D1-Netz, D2-Netz, E1-Netz und E2-Netz) gewählt, bei der anwendungsbezogen auf jede einzelne Phase konkret eingegangen wird.

6.1 Zielsetzung der Simulation

Unter dem Begriff Simulation wird eine Vielzahl von Bedeutungen verstanden. Je nachdem, in welchem Zusammenhang die Begrifflichkeit gebraucht wird, definiert z.B. die VDI-Richtlinie 3633 Simulation als eine Nachbildung von dynamischen Prozessen mit einem Modell (vgl. VDI (2005)). Während auch Neumann/Morlock ((2002), S. 697) zu einer ähnlichen Aussage kommen, die *„...Simulation als eine Nachahmung der Realität durch Modelle auf einem Rechner...“* verstehen, ist für Hansen/Neumann ((2005), S. 784) Simulation *„...ein Experiment, bei dem eine komplexe Realweltsitutation durch ein Softwaresystem nachgebildet wird“*.

In dieser Arbeit soll unter Simulation eine Nachbildung von dynamischen Prozessen verstanden werden, um Entscheidungsträger bei der Durchführung von Experimenten (Simulationsläufen) mit Hilfe von *What-If-Analysen* („Was-wäre-wenn“-Fragestellungen) und *How-To-Achieve-Analysen* („Wie-erreicht-man“ Fragestellungen) zu unterstützen. Einen Schwerpunkt bildet die Entscheidungsunterstützung, bei der die Untersuchung und Bewertung von verschiedenen Handlungsalternativen durch mathematische Methoden und Modelle im Mittelpunkt steht (vgl. Hansen/Neumann (2005), S. 781).

Ganz allgemein kann unter Prognose eine Vorhersage eines zukünftigen Zustands verstanden werden, *„...die auf Messung, Erfahrung oder Simulationen beruht.“* (Hansen/Neumann (2005), S. 782). Da eine What-If-Analyse hauptsächlich dazu dient, Auswirkungen eines zukünftigen Zustands bei Änderung einer Maßnahme zu schätzen, kann darunter auch eine Prognose verstanden werden. Eine How-To-Achieve-Analyse wird meist dann eingesetzt, um diejenigen Maßnahmen zu identifizieren, die ein vorgegebenes Ziel erreichen (vgl. Mertens (1992), S. 4; vgl. Hansen/Neumann (2005), S. 784).

Für die Durchführung dieser Simulationsmethoden ist in vielen Fällen, insbesondere dann, wenn Zeitreihen von Marktentwicklungen zur Verfügung stehen, eine Kalibrierung notwendig. Für die Güte der Anpassung, die auch als „Fit“ bezeichnet wird, können als normierte Gütemaße z.B. das Bestimmtheitsmaß, das korrigierte Bestimmtheitsmaß oder auch der Ungleichheitskoeffizient nach Theil herangezogen werden. Zur Modellkalibrierung wird ein in dieser Arbeit vorgestelltes Verfahren zur Lösung von Ausgleichsproblemen (siehe Kapitel 6.2.4) genutzt, das phasenbezogen als eine Vorstufe zu einer What-If-Analyse und der How-To-Achieve-Analyse zu sehen ist.

Liegen dagegen keine empirischen Daten vor, können zur Reduzierung dieser Unsicherheiten anstelle der Modellkalibrierung entweder Analogie- oder Expertenschätzungen herangezogen werden. Allerdings ist deren Anwendung kritisch zu betrachten. So ist es z.B. denkbar, daß die bei Analogieschätzungen notwendigen vergleichbaren Technologien oder Märkte weder zu finden sind, noch daß vergleichbare Einflußvariablen eines frühreren Diffusionsprozesses genutzt werden können. Auch die den Expertenschätzungen zugrunde liegende subjektive Sichtweise ist in Bezug auf den Diffusionsverlauf kritisch zu hinterfragen.

Das mit der Simulation verfolgte Ziel einer Entscheidungsunterstützung kann durch eine What-If-Analyse und eine How-To-Achieve-Analyse abgebildet werden. Deren Klassifikation kann sich an dem Grad der Erklärungsorientierung und dem Grad der Entscheidungsorientierung anlehnen
(vgl. Voß/Gutenschwager (2001), S. 150 f.).

How-To-Achieve-Analysen werden meist dann eingesetzt, um diejenigen Aktionen zu identifizieren, die ein vorgegebenes Ziel erreichen. Grundlage bildet eine „Kleinste-Quadrate-Schätzung“, bei der ein nichtlineares Optimierungsproblem, das auch als ein Ausgleichsproblem bezeichnet wird, zu lösen ist. Während ein Optimierungsmodell neben einer Erklärungsorientierung auch ein hohes Maß an Entscheidungsorientierung besitzt, fallen bei der What-If-Analyse diese Kriterien tendenziell geringer aus (siehe Abbildung 6.1).

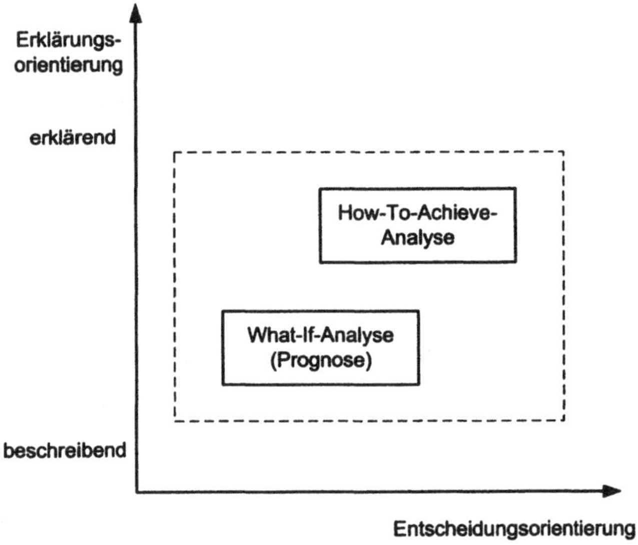

Abbildung 6.1: Einteilung der Methodiken zur Entscheidungsunterstützung

6.2 Phasenmodell der Simulation

6.2.1 Übersicht der Ablaufschritte

Die Unterstützung von Entscheidungsprozessen ist eine zentrale Aufgabe des vorliegenden Simulationsmodells. Da für die Szenarienmodellierung eine strukturierte Vorgehensweise unerläßlich erscheint, wird ein Vorgehensmodell entwickelt, das idealtypisch in vier Phasen unterteilt wird (siehe Abbildung 6.2).

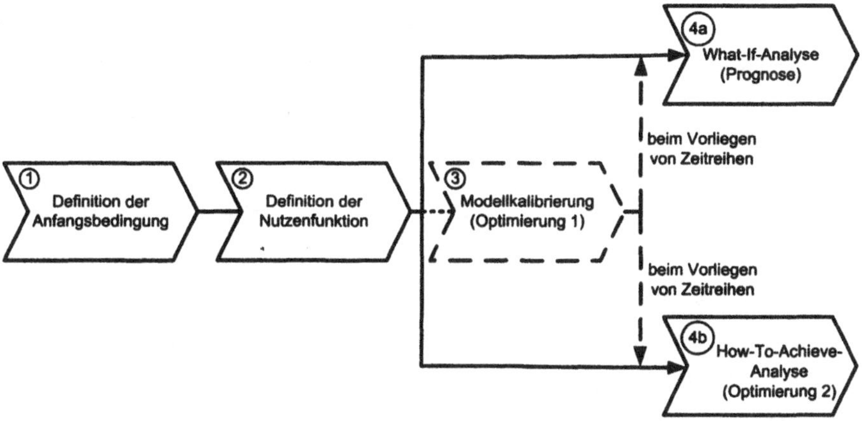

Abbildung 6.2: Phasenmodell der Simulation

Zur Durchführung einer Modellsimulation wird zunächst eine *Anfangsbedingung* spezifiziert. Hierunter ist die Definition einer Marktkonstellation zu verstehen, bei der die Periodenanzahl, die Alternativen, die Konsumentengruppen und die Art der Güterkategorie (Singulärgüter, Netzeffektgüter i.e.S., Mischformen und Systemgüter) festgelegt werden. Die in dieser Phase definierte Anfangsbedingung grenzt das Szenario unter inhaltlichen und zeitlichen Aspekten ab und beeinflußt die daran anschließenden Phasen der Definition der Nutzenfunktion, der Modellkalibrierung, der What-If-Analyse und der How-To-Achieve-Analyse.

In einer zweiten Phase erfolgt eine Spezifizierung der in Kapitel 4.1.1 vorgestellten *Nutzenfunktion*. Insbesondere bei Netzeffektgütern mit direkten Netzeffekten sind der Typ der Netzeffektfunktion und die Aktionsparameter zu konkretisieren. Die dafür notwendigen Informationen können entweder aus bekannten Marktforschungsmethoden, wie z.B. den verschiedene Methoden der Conjoint-Analyse (vgl. Voeth (2000), S. 74; Weiber/Rosendahl (1997), S. 109) gewonnen werden, oder auf Experten- bzw. Analogieschätzungen beruhen.

Liegen Zeitreihen einer Marktentwicklung und Aktionsparameter mit deren dynamischen Ausprägungen vor, wird in einer dritten Phase eine *Modellkalibrierung*, d.h. eine Schätzung von Parametern der Transformationsfunktionen φ_1, φ_2 (siehe Kapitel 5.7.2) durch ein geeignetes Optimierungsverfahren erfolgen. Sie bildet die Grundlage für die sich daran anschließenden Phasen 4a bzw. 4b.

Nach der Kalibrierung hängt es von der weiteren Zielsetzung der Untersuchung ab, ob entweder eine Prognose (What-If-Analyse) oder How-To-Achieve-Analyse erstellt werden soll. Insbesondere bei der Prognose von technologischen Innovationen, bei denen noch keine Marktdaten zur Verfügung stehen, wird die Schätzung geeigneter Parameter in der Kalibrierungsphase meist entfallen. Anstelle einer Kalibrierung mit Hilfe eines Optimierungsverfahrens ist eine Schätzung von Parametersätzen dann entweder nur durch Experten- oder Analogieschätzungen möglich.

Die einzelnen Schritte des Phasenmodells sind in der nachstehenden Abbildung 6.3 verdeutlicht.

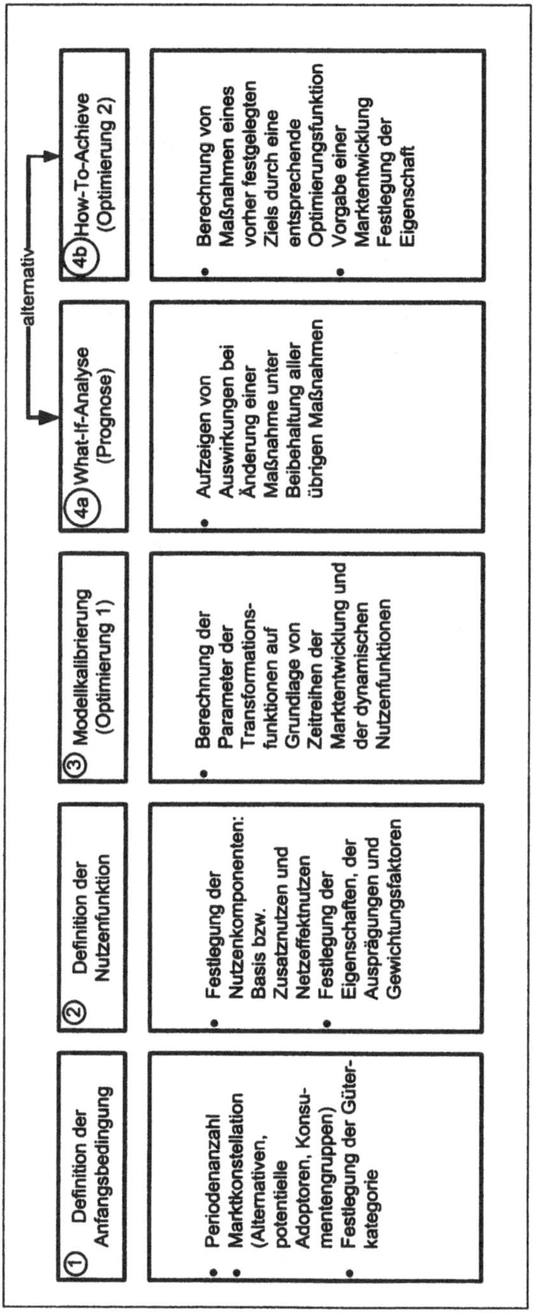

Abbildung 6.3: Schritte des Phasenmodells

6.2.2 Definition der Anfangsbedingung

Als im Jahr 1992 das erste deutsche Mobilfunknetz nach GSM-Standard[1] in Betrieb genommen wurde, welches in der Lage war, Sprachsignale digital zu übertragen, erhielt neben der Deutschen Telekom AG (D1-Netz; GSM 900) erstmals ein privater Anbieter für Telekommunikationsdienstleistungen, Mannesmann Mobilfunk (jetzt D2-Vodafone), eine GSM-Lizenz (D2-Netz; GSM 900). In den Jahren 1994 starteten mit E-Plus (E1-Netz; GSM 1800) und 1998 mit VIAG Interkom (jetzt O2, E2-Netz; GSM 1800) zwei weitere private Netzbetreiber den Betrieb eines Mobilfunknetzes (vgl. VATM (2005)).

Die Verbreitung des Mobilfunks erreichte Ende 2004 in Deutschland mit 71,3 Mio. Mobilfunkteilnehmern einen Penetrationsgrad[2] von 86,37%. 52,8 Mio. Teilnehmer (74,1%) sind Kunden der vier deutschen Netzbetreiber (D1-Netz, D2-Netz, E1-Netz und E2-Netz). Zu den deutschen Netzbetreibern zählen T-Mobile (D1-Netz), Vodafone (D2-Netz), E-Plus (E1-Netz) und O2 (E2-Netz). Die übrigen 8,5 Mio. Teilnehmer (25,9%) verteilen sich auf die Mobilfunk-Service-Provider (MSP), wie z.B. Debitel, Mobilcom, Talkline und Drillisch, die zwar kein eigenes Mobilfunknetz betreiben, sondern die Netzleistungen von T-Mobile, Vodafone und E-Plus beziehen (vgl. Bundesnetzagentur (2005)).

---

1 GSM steht für Global System for Mobile Communication.

2 Der Penetrationsgrad ist das Verhältnis der zur Zeit genutzen Mobiltelefone zur Gesamteinwohnerzahl. Im Penetrationsgrad sind sowohl Prepaid als auch Postpaid Teilnehmer enthalten (vgl. Bundesnetzagentur (2005a), S. 43).

Während in Abbildung 6.4 der Penetrationsgrad des Mobilfunks über alle Netze dargestellt ist, zeigen Abbildung 6.5 und Tabelle 6.1 die Teilnehmerentwicklung in den einzelnen Mobilfunknetzen und die Entwicklung der potentiellen Adoptoren (Nicht-Nutzer).[3] Auffällig ist die fast identische Teilnehmerentwicklung des D1- und D2-Netzes.

Abbildung 6.4: Penetration Mobilfunk in Deutschland, Zahlenmaterial aus Bundesnetzagentur (2005)

[3] Das Zahlenmaterial über die Teilnehmerentwicklung der einzelnen Mobilfunknetze liegt für den Untersuchungszeitraum 1992-2004 auch quartalsweise vor (vgl. Bundesnetzagentur (2005)). Die prozentualen Werte sind bis zum Jahr 2000 bereinigt um die Teilnehmer des C-Netzes, welches im Jahr 2000 abgeschaltet wurde. Für die Modellsimulation wird eine jahresbezogene Entwicklung zugrunde gelegt. Die Teilnehmerzahlen beziehen sich auf die Jahresendzahlen.

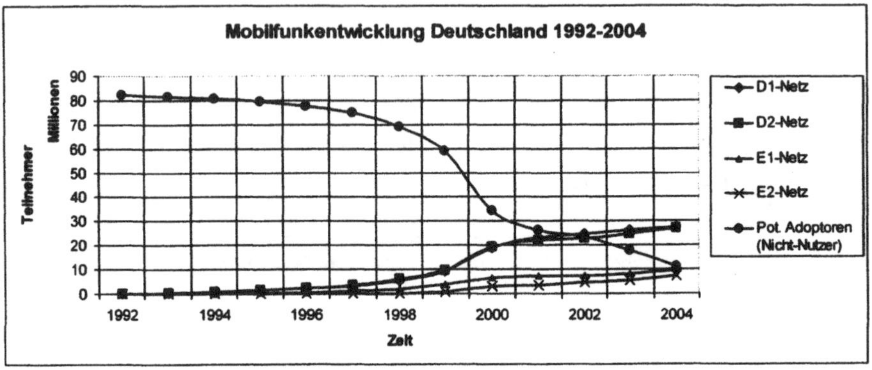

Abbildung 6.5: Entwicklung der Teilnehmer in den Mobilfunknetzen, Zahlenmaterial aus Bundesnetzagentur (2005)

Zur einer weiteren Konkretisierung und Abgrenzung des vorliegenden Szenarios werden folgende Aspekte hinzugezogen:

- Als Alternativen werden die einzelnen Netze (D1-Netz (T-Mobile), D2-Netz (Vodafone), E1-Netz (E-Plus) und E2-Netz (O2)) gewählt. Den Mobilfunknetzbetreibern kommt dabei häufig eine Doppelfunktion zu. Aus Sicht der Kunden halten sie einerseits selbst Teilnehmerverträge als Mobilfunk-Service-Provider und anderseits verkaufen sie die Nutzung ihrer Netze an andere Mobilfunk-Service-Provider. Allerdings bleiben im vorliegenden Szenario diejenigen Mobilfunk-Service-Provider (z.B. Debitel, Mobilcom, Talkline und Drillisch), die kein eigenes Mobilfunknetz betreiben, aber Teilnehmerverträge halten, als Alternativen unberücksichtigt. Deren Teilnehmerzahlen werden den Netzbetreiben zugeordnet, so daß eine Teilnehmerentwicklung (siehe Abbildung 6.5) nicht aus Sicht der Mobilfunk-Service-Provider, sondern aus Sicht der Netzbetreiber erfolgt.

Jahr	D1-Netz	D2-Netz	E1-Netz	E2-Netz	Pot.-Adoptoren
1992	69.000	110.625	0	0	82.386.623
1993	480.448	494.375	0	0	81.591.425
1994	885.213	844.750	30.000	0	80.806.285
1995	1.466.888	1.443.875	195.500	0	79.459.985
1996	2.173.575	2.324.875	520.125	0	77.547.673
1997	3.281.625	3.508.750	1.005.000	0	74.770.873
1998	5.484.412	6.000.000	2.044.000	20.680	69.017.156
1999	9.100.000	9.500.000	3.800.000	900.000	59.266.248
2000	19.100.000	19.245.000	6.600.000	3.200.000	34.421.248
2001	23.080.847	22.000.000	7.481.000	3.656.000	26.348.401
2002	24.582.000	22.700.000	7.270.000	4.576.000	23.438.248
2003	26.333.000	24.700.000	8.206.000	5.560.000	17.767.248
2004	27.471.000	26.940.000	9.505.000	7.400.000	11.250.248

Tabelle 6.1: Detaillierte Mobilfunkentwicklung, Zahlenmaterial aus Bundesnetzagentur (2005)

Insbesondere bei Telekommunikationsdiensten und speziell im Mobilfunk ist die Adoptionsentscheidung nicht nur allein auf die Netzwahl beschränkt, sondern schließt die Auswahl eines Mobilfunk-Service-Providers, eines entsprechendes Mobiltelefons (Endgerät) und ggf. auch das Angebot von Mehrwertdiensten mit ein (vgl. Weiber (1992), S. 43). Für die Modellsimulation wird zur Komplexitätsreduzierung ausschließlich die Netzwahl zugrunde gelegt.

Ferner bleiben die Umsatzentwicklung und die Häufigkeit der Mobilfunknutzung bei der Modellsimulation unberücksichtigt. Der Schwerpunkt liegt auf der Simulation und Analyse des Ausbreitungsverlaufs der Teilnehmer.

Bei der Untersuchung des Mobilfunkmarktes könnte grundsätzlich auch die Frage gestellt werden, inwieweit Austauschbeziehungen zwischen dem Mobilfunknetz und dem Festnetz bestehen. Der Aspekt der Substituierbarkeit zwischen Festnetz und Mobilfunk (vgl. Wengler/Schäfer (2003), S. 12 ff.) wird dabei nicht Gegenstand der Modellsimulation sein, da deren Berücksichtigung eine veränderte Modellierung der Anfangsbedingungen in einem anderen Kontext erforderlich macht.

- Je nachdem, welche Kriterien der Segmentierung zugrunde gelegt werden und welche Zielsetzung verfolgt wird, kann der Markt zur gezielten Kundenanalyse in verschiedene Segmente unterteilt werden. Segmentierungsansätze werden ganz allgemein in Verbrauchsmerkmale und spezielle Verhaltensmerkmale (vgl. Kotler/Bliemel (1992), S. 418 f.) unterteilt. Zu den Verbrauchsmerkmalen zählen geographische, demographische und psychographische Merkmale. Dagegen werden bei der verhaltensbezogenen Segmentierung die Konsumenten anhand ihrer Einstellungs- und Verhaltensgewohnheiten untersucht.

  Eine anderen Ansatz verfolgt die in den 80er Jahren entwickelte Sinus-Milieu-Analyse. Die von Sinus Sociovision entwickelte Segmentierung geht von der Annahme aus, daß Lebensstil und Lebenswelten den Konsum und Präferenzen stärker beeinflussen als soziodemographische Merkmale wie z.B. Geschlecht und Alter (vgl. Sinus Sociovision (2005)). Dagegen wird in anderen Studien (vgl. Schenk/Dahm/Šonje (1996), S. 213 ff.), insbesondere bei der Untersuchung des Mobilfunkmarktes, eine Unterteilung in berufliche und private Anwendungen forciert.

  Welche Segmentierungsansätze für eine Szenarienmodellierung letztendlich gewählt werden, hängt entscheidend von der verfolgten Zielsetzung und den für die Untersuchung benötigten empirischen Daten ab.

6.2.3 Definition der Nutzenfunktionen

6.2.3.1 Nutzenfunktion für potentielle Adoptoren

In einer vom Wissenschaftlichen Institut für Kommunikationsdienste (WIK) im Auftrag des Bundesamts für Strahlenschutz (BfS) durchführten Studie „Zielgruppenanalyse zur differenzierten Information über Mobilfunk und Gesundheit" ist festgestellt worden, daß 80% aller Nicht-Nutzer kein mobiles Endgerät benötigen und 57% der Befragten gaben an, daß das Telefonieren mit einem Mobiltelefon zu teuer sei. Weiterhin zeigte sich auch die Bedienerfreundlichkeit als ein wichtiger Aspekt. 36% der Nicht-Nutzer waren mit der Technik der Mobiltelefone überfordert. Auch gesundheitliche Risiken, die durch EMF (Elektromagnetische Felder) bei Endgeräten und Sendeanlagen entstehen könnten, waren für 25% der Nicht-Nutzer von hoher Bedeutung (vgl. BfS (2005), S. 38 f.).

Bei Netzeffektgütern sind in der Anfangsphase für den verzögerten Diffusionsverlauf vor allem Diffusionshemmnisse und Start-up-Faktoren verantwortlich. Dieses Widerstandspotential kann allerdings nur dann überwunden werden, wenn die Anzahl der Nicht-Nutzer einen kritischen Bereich[4] überwunden hat, bei der die zugrunde gelegte Widerstandspotentialfunktion stark abnimmt. Diese endogenen Effekte werden in Abhängigkeit der Größe des Nicht-Nutzer-Kreises durch eine Widerstandspotentialfunktion abgebildet (siehe Abbildung 6.6).

[4] Mathematisch wäre ein kritischer Punkt der Wendepunkt der Widerstandspotentialfunktion.

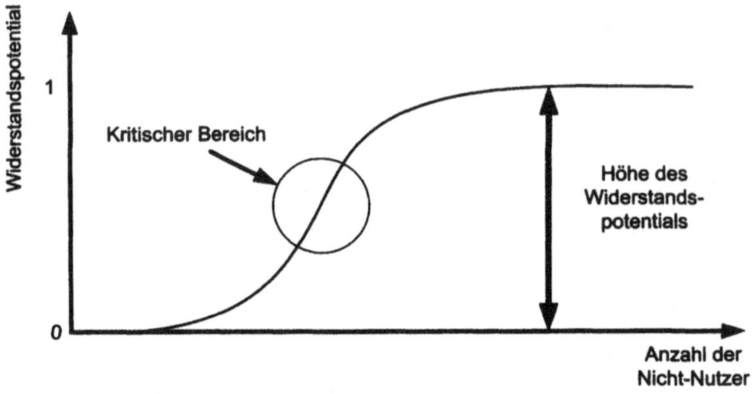

Abbildung 6.6: Widerstandspotentialfunktion der Nicht-Nutzer

Für die Nutzenbewertung seitens der potentiellen Adoptoren (Nicht-Nutzer), die bisher noch *keinen* Mobilfunkvertrag abgeschlossen zu haben, spielen andere Aktionsparameter eine Rolle als diejenigen, die bereits über einen entsprechenden Mobilfunkvertrag verfügen. Auf Seiten der potentiellen Adoptoren wird zum einen der Aktionsparameter *Ersparnis* gewählt, der die Einsparmöglichkeiten der Nicht-Nutzung berücksichtigt. Zum anderen stehen bei den *EMF-Risiken* die Risiken der Nutzung von Mobiltelefonen im Vordergrund und der Parameter *Bedienung* zielt auf die Benutzerfreundlichkeit von mobilen Endgräten ab.

Da der Wertebereich des Aktionsparameters h der Konsumentengruppe $\alpha = 1$ und der Alternative $i = 1$ auf einem Intervall $\left[s^{\alpha}_{i,h,\mathrm{min}}, s^{\alpha}_{i,h,\mathrm{max}}\right]$ beschränkt ist, hängt es von der Eigenschaft eines jeden Aktionsparameters ab, ob eine maximale Ausprägung $s^{1}_{1,h,\mathrm{max}}$ auch einen maximalen Teilnutzenwert oder aber eine minimale Ausprägung $s^{1}_{1,h,\mathrm{min}}$ einen maximalen Teilnutzenwert liefert.

Daher werden zur Normierung der Aktionsparameter $s^1_{1,t,h}$ auf ein Intervall $[0, 1]$ je nach Eigenschaften der Aktionsparameter, die z.B. aus Marktforschungsergebnissen gewonnen werden, linear steigende, linear fallende oder auch nichtlineare Aktionsparameterfunktion $\kappa^1_{1,h}\left(s^1_{1,t,h}\right)$ herangezogen (siehe Kapitel 4 Abbildung 4.3). Während bei den Aktionsparametern *Ersparnis* und *EMF-Risiken* eine maximale Ausprägung auch maximale Teilnutzenbeiträge liefern, führt bei der *Bedienung* eine minimale Ausprägung, d.h. bei einer minimalen Benutzerfreundlichkeit der mobilen Endgeräte, auf Seiten der potentiellen Adoptoren zu einem maximalen Teilnutzenwert. Eine bei den Endgeräten gering bewertete Benutzerschnittstelle geht zugunsten der Nicht-Nutzer, die *kein* mobiles Endgerät nutzen, mit einem höheren Teilnutzenwert einher. Die Aktionsparameter mit den Wertebereichen und den Aktionsparameterfunktionen zeigt Tabelle 6.2.

Aktionsparameter	**Wertebereiche** $\left[s^1_{1,h,\min}, s^1_{1,h,\max}\right]$	**Aktionsparameter-funktionen**
Ersparnis, $h = 1$	$[0, 100]$	$\kappa^1_{1,1}\left(s^1_{1,t,1}\right) = \frac{s^1_{1,t,1} - s^1_{1,1,\min}}{s^1_{1,1,\max} - s^1_{1,1,\min}}$
Bedienung, $h = 2$	$[0, 100]$	$\kappa^1_{1,2}\left(s^1_{1,t,2}\right) = \frac{s^1_{1,2,\max} - s^1_{1,t,2}}{s^1_{1,2,\max} - s^1_{1,2,\min}}$
EMF-Risiken, $h = 3$	$[0, 100]$	$\kappa^1_{1,3}\left(s^1_{1,t,3}\right) = \frac{s^1_{1,t,3} - s^1_{1,3,\min}}{s^1_{1,3,\max} - s^1_{1,3,\min}}$

Tabelle 6.2: Wertebereiche der Aktionsparameter für die potentiellen Adoptoren

Bei den potentiellen Adoptoren (Nicht-Nutzer) wird für die Widerstandspotentialfunktion $\widetilde{\eta}_1^{\alpha}(\pi_{i,t}^{\alpha}(m_t))$ und $\alpha = 1$ der gleiche Funktionstyp 1 wie der von Kapitel 4.1.1.4 gewählt. Für $i = 1$ gilt:

$$\widetilde{\eta}_1^1(\pi_{1,t}^1(m_t)) = \widetilde{\delta}_1 \cdot \left(1 - e^{-\widetilde{\lambda}_1(\pi_{1,t}^1(m_t))^{\widetilde{k}_1}}\right) \tag{6.1}$$

mit:

m_t :	Marktaufteilung bzw. Marktvektor
$\widetilde{\eta}_1^1(\pi_{1,t}^1(m_t))$:	Widerstandspotentialfunktion
$\pi_{1,t}^1(m_t)$:	Widerstandskoeffizient, $0 \leq \pi_{1,t}^1(m_t) \leq 1$
$\widetilde{\delta}_1, \widetilde{\lambda}_1, \widetilde{k}_1$:	Parameter der Widerstandspotentialfunktion, $0 \leq \widetilde{\delta}_1 \leq 1$, $\widetilde{\lambda}_1 \geq 0$, $\widetilde{k}_1 \geq 0$

Für die Nutzenfunktion der potentiellen Adoptoren, die die Alternative $i = 1$ repräsentieren, gilt gemäß (4.9):

$$U_{1,t}^1\left(m_t, s_{1,t}^1\right) = \sum_{h=1}^{\widetilde{R}} c_{I,h}^1 \cdot \kappa_{I,h}^1\left(s_{1,t,h}^1\right) + c_{1,\widetilde{R}+1}^1 \cdot \widetilde{\eta}_1^1(\pi_{1,t}^1(m_t)) \tag{6.2}$$

mit:

$U_{1,t}^1$:	Nutzenfunktion für die potentiellen Adoptoren zum Zeitpunkt t für die Konsumentengruppe $\alpha = 1$
$c_{I,h}^1$:	Gewichtungsfaktor für den Aktionsparameter h bei insgesamt $\widetilde{R}$ Aktionsparametern, $h \in \{$Ersparnis, Bedienung, EMF-Risiken$\}$
$c_{1,R+1}^1$:	Gewichtungsfaktor für den Widerstandseffekt
$\kappa_{I,h}^1\left(s_{1,t,h}^1\right)$:	Aktionsparameterfunktion für die Ausprägung des Aktionsparameter $s_{1,t,h}^1$
$\widetilde{\eta}_1^1(\pi_{1,t}^1(m_t))$:	Widerstandspotentialfunktion

6.2.3.2 Nutzenfunktion für die Alternativen D1-Netz, D2-Netz, E1-Netz und E2-Netz

Bei Gütern mit direkten Netzeffekten steigt die Anzahl der Kommunikationsbeziehungen durch eine Vergrößerung der Teilnehmerzahl. Der daraus resultierende Netznutzen vergrößert die Installierte Basis durch jeden weiteren Teilnehmer.[5] In enger Beziehung zur Installierten Basis steht die Kompatibilität zu anderen Mobilfunksystemen. Wegen einer direkt wechselseitigen Kompatibilität kann das eine Mobilfunknetz die Installierte Basis eines anderen nutzen und umgekehrt. Je mehr Mobilfunksysteme zueinander kompatibel sind, umso höher sind auch die daraus entstehenden Kommunikationsbeziehungen und umso höher fällt auch die Diffusionsgeschwindigkeit aus. Dabei resultiert der Netznutzen eines Mobilfunkanbieters aus der Häufigkeit der Netznutzung und vor allem aus „preisinduzierten" Netzeffekten, die darauf zurückzuführen sind, daß netzinterne Gespräche meist günstiger bepreist werden als Kommunikationsbeziehungen, die zwischen den anderen Mobilfunknetzen ablaufen. Ein potentieller Adoptor wird sich demnach verstärkt am Entscheidungsverhalten der anderen Kommunikationspartner orientieren, die sich bereits für einen Anbieter entschieden haben. Die Mobilfunkentwicklung wird daher nicht nur allein von direkten Netzeffekten, sondern auch von Basisnutzenkomponenten, wie z.B. Service, abhängen. Aus den darstellten Überlegungen wird eine *Mischform* als Güterkategorie gewählt.

Die Bedeutung von direkten Netzeffekte bei der Mobilfunkentwicklung unterstreicht auch eine Untersuchung von Madden und Coble-Neal. In der Studie „Economic Determinants of Global Mobile Telephony Growth" untersuchten die beiden Autoren das Wachstum des Mobilfunkmarktes in verschiedenen Ländern für den Zeitraum von 1996-2000. Hierbei wurde neben Substitutions-

5 Da zwischen Festnetz und Mobilfunk eine *direkte wechselseitige* Kompatibilität vorliegt, kann die Technologie des Mobilfunks in gleichem Maße die Installierte Basis des Festnetzes nutzen. Falls Substitutionsbeziehungen zwischen Mobilfunk und Festnetz abgebildet werden sollen, wäre eine wechselseite Beziehung zwischen den beiden Netzen in Folge der gegenseitigen Nutzung der Installierten Basis in die Nutzenmodellierung zu integrieren. Substitutionseffekte sollen aber hier unberücksichtigt bleiben.

effekten von Mobilfunk und Festnetz auch der Einfluß von Externalitäten (d.h. direkte Netzeffekte) untersucht. Als Grundlage dienten u.a. Datensätze der ITU (World Telecommunications Indicator Database). Bei der Analyse wurde unterstellt, daß der Nutzen eine Funktion des Anschlußpreises von Festnetz und Mobilfunk, des Einkommens und der Netzwerkgrößen Festnetz und Mobilfunk ist. Dabei wurde festgestellt, daß der Festnetzpreis, der Mobilfunkpreis, die Festnetzpenetration und die Mobilfunkpenetration einen signifikanten Einfluß auf die Anzahl der Mobilfunkanschlüsse ausüben. Lediglich die Einkommensvariable erwies sich als schwach signifikant. Während eine Einkommenserhöhung von 10% lediglich zu einem Zuwachs von 0,3% der Mobilfunkanschlüsse führt, ist ein Zuwachs von 1,2% auf 10%-ige Festnetzpreiserhöhung zurückzuführen. Andererseits erhöhen sich bei einer Reduzierung des Mobilfunkpreises um 10% ceteris paribus die Mobilfunkanschlüsse um 5,4%. Einen noch größeren Einfluß besitzt die Größe des Mobilfunknetzes (d.h. direkte Netzeffekte), während die Größe des Festnetzes bei der Mobilfunkentwicklung eine dagegen eher untergeordnete Rolle spielt (vgl. Wengler/Schäfer (2003), S. 86 ff.).

Für die Simulation wird unterstellt, daß der Nutzen für eine Alternative eine Funktion des Preises, der Netzqualität, des Services der Größe des Mobilfunknetzes und des Markenimages ist.

Bei der Adoptionsentscheidung ist allgemein bei Telekommunikationsdiensten und speziell beim Mobilfunk von einem mehrdimensionalen Preisproblem auszugehen. Die auf den potentellen Adoptor einwirkenden Preiskomponenten von Endgrätepreis, monatlichen Grundpreis und Nutzungspreisen (Preise für Gesprächsminuten und Mehrwehrdienste) stehen in einem komplexen Wirkungsmechanismus zueinander (vgl. Späth (1995), S. 113), die bei der Preisgestaltung zu berücksichtigen sind. Für die Modellsimulation setzt sich der Aktionsparameter *Mobilfunkpreis* bei Postpaid-Verträgen[6] ausschließlich aus einem monatlichen Grundpreis und einer Nutzungspreiskomponente zusammen.

[6] Im Fall von Prepaid entfällt die monatliche Grundgebühr.

Mit dem *Markenimage* werden die Einstellungen gegenüber den zur Auswahl stehenden Mobilfunknetzen zum Ausdruck gebracht. Dabei kann Image verstanden werden als *„...das mentale Bild einer Person zu einem Bezugsobjekt; dazu gehört alles, was die Person über das Objekt weiß, dazu glaubt, sich darunter vorstellt und damit verbindet.“* (Kotler/Bliemel (1992), S. 833).

Für den Nutzer spielt darüber hinaus auch die wahrgenommene *Netzqualität* eine Rolle. Sie zielt darauf ab, dem Nutzer einen störungsfreien Betrieb zu gewährleisten. Das umfaßt z.B. auch Handover-Funktionalitäten, wenn sich ein Nutzer von einer Funkzelle zu einer anderen bewegt.

Unter dem Aktionsparameter Service werden diejenigen wahrgenommenen Leistungen verstanden, die z.B. mit der Kundenansprache, Rechnungsstellung, Kundenrückfragen und sonstigen Zusatzleistungen verbunden sind.

Mit der Wahl der Aktionsparameterfunktion $\kappa^1_{II,h}\left(s^1_{i,t,h}\right)$ mit $i \in \{\text{D1-Netz,D2-Netz,E1-Netz,E2-Netz}\}$ werden die Stärke und Richtung der Ausprägungen des Aktionsparameters h für $\alpha = 1$ im Intervall $\left[s^1_{i,h,\min}, s^1_{i,h,\max}\right]$ in bezug auf den Gesamtnutzen spezifiziert (siehe Tabelle 6.3). Während beim Preis eine linear fallende Aktionsparameterfunktion unterstellt wird, führen bei den übrigen Aktionsparametern maximale Ausprägungen auch zu einem maximalen Teilnutzenwert (linear steigende Funktionen).

Aktionsparameter	**Wertebereiche** $\left[s^1_{i,h,\min}, s^1_{i,h,\max}\right]$	**Aktionsparameterfunktionen**
Preis, $h = 1$	$[0, 100]$	$\kappa^1_{II,1}\left(s^1_{i,t,1}\right) = \frac{s^1_{i,1,\max} - s^1_{i,t,1}}{s^1_{i,1,\max} - s^1_{i,1,\min}}$
Markenimage, $h = 2$	$[0, 100]$	$\kappa^1_{II,2}\left(s^1_{i,t,2}\right) = \frac{s^1_{i,t,2} - s^1_{i,2,\min}}{s^1_{i,2,\max} - s^1_{i,2,\min}}$
Netzqualität, $h = 3$	$[0, 100]$	$\kappa^1_{II,3}\left(s^1_{i,t,3}\right) = \frac{s^1_{i,t,3} - s^1_{i,3,\min}}{s^1_{i,3,\max} - s^1_{i,3,\min}}$
Service, $h = 4$	$[0, 100]$	$\kappa^1_{II,4}\left(s^1_{i,t,4}\right) = \frac{s^1_{i,t,4} - s^1_{i,4,\min}}{s^1_{i,4,\max} - s^1_{i,4,\min}}$

Tabelle 6.3: Wertebereiche der Aktionsparameter für die Alternativen D1-Netz, D2-Netz, E1-Netz und E2-Netz

Es wird folgende Netzeffektfunktion $\eta_1^\alpha(\pi_{i,t}^\alpha(m_t))$ für $\alpha = 1$ gewählt:

$$\eta_1^1(\pi_{i,t}^1(m_t)) = \delta_1 \cdot \left(1 - e^{-\lambda_1(\pi_{1,t}^1(m_t))^{k_1}}\right) \tag{6.3}$$

mit:

m_t :	Marktaufteilung bzw. Marktvektor
$\eta_1^1(\pi_{i,t}^1(m_t))$:	Netzeffektfunktion
$\pi_{i,t}^1(m_t)$:	Netzeffektkoeffizient, $0 \leq \pi_{1,t}^1(m_t) \leq 1$
δ_1, λ_1, k_1 :	Parameter der Netzeffektfunktion, $0 \leq \delta_1 \leq 1$, $\lambda_1 \geq 0$, $k_1 \geq 0$

Für die Nutzenfunktionen der Alternativen D1-Netz, D2-Netz, E1-Netz und E2-Netz gelten:

$$U_{i,t}^1\left(m_t, s_{i,t}^1\right) = \sum_{h=1}^{R} c_{II,h}^1 \cdot \kappa_{II,h}^1\left(s_{i,t,h}^1\right) + c_{II,R+1}^1 \cdot \eta_1^1(\pi_{1,t}^1(m_t)) \tag{6.4}$$

mit:

$U_{i,t}^1$:	Nutzenfunktion für die Alternativen $i \in$ {D1-Netz,D2-Netz,E1-Netz,E2-Netz} zum Zeitpunkt t
$c_{II,h}^1$:	Gewichtungsfaktor für den Aktionsparameter h bei insgesamt R Aktionsparametern, $h \in$ {Preis, Markenimage, Netzqualität, Service}
$c_{II,R+1}^1$:	Gewichtung für den Netzeffekt
$\kappa_{II,h}^1\left(s_{i,t,h}^1\right)$:	Aktionsparameterfunktion für die Ausprägung des Aktionsparameter $s_{i,t,h}^1$
$\eta_1^1(\pi_{i,t}^1(m_t))$:	Netzeffektfunktion

6.2.3.3 Dynamischer Verlauf der Nutzenfunktionen

Da der Nutzen generell ein quantitatives Maß der Verhaltenspräferenzen darstellt, kann die Höhe der Nutzendifferenz für die Berechnung der Wechselwahrscheinlichkeiten genutzt werden (siehe in (5.31)). Um eine Vergleichbarkeit der quantitativ bewerteten Alternativen zu erzielen, werden die kardinalen Nutzenfunktionen auf das Intervall [0, 1] normiert. Die Aggregation der einzelnen Komponenten der Nutzenfunktionen für die potentiellen Adoptoren und für Alternativen auf Grundlage eines für die Simulation gewählten Datensatzes zeigt Abbildung 6.7 für den Zeitraum 1992 bis 2004.

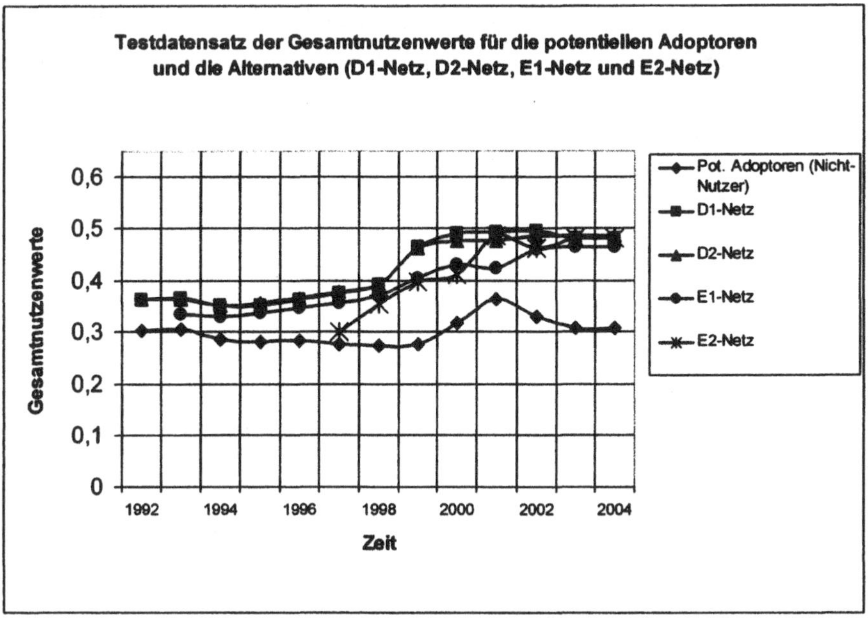

Abbildung 6.7: Gesamtnutzenwerte

Bei den potentiellen Adoptoren ist eine bis 1999 leicht fallende Nutzenfunktion zu erkennen. Eine Begründung liegt in der unterstellten Widerstandspotentialfunktion (siehe Abbildung 6.6), die bei Abnahme der Nicht-Nutzer fällt und somit für den weiteren Nutzenverlauf keinen signifikanten Einfluß besitzt. Der danach zunächst ab 1999 ansteigende und ab 2001 abfallende Verlauf hängt vor allem mit den für die Simulation zugrunde gelegten EMF-Risiken zusammen. Es wird unterstellt, daß die Wahrnehmung dieser Risiken von 1999 bis 2001 ansteigen und danach wieder fallen.

Einen nahezu identischen Nutzenverlauf zeigen das D1-Netz und das D2-Netz. Der beim E1-Netz und E2-Netz spätere Markteintritt ist durch die später beginnende Nutzenentwicklung berücksichtigt. Die der Nutzenmodellierung zugrunde gelegten Netzeffekte stellen sich deutlich bei den großen Netzbetreibern D1-Netz und D2-Netz heraus. So ist bei beiden Netzen ein deutlicher Nutzenanstieg von 1998 bis 2001 zu beobachten.

6.2.4 Modellkalibrierung

6.2.4.1 Allgemeine Formulierung des Minimierungsproblems

In der Phase der Modellkalibrierung steht die Anpassung des Simulationsmodells an empirische Daten im Mittelpunkt. Dieser Abschnitt widmet sich der Formulierung eines Minimierungsproblems und stellt dazu ein geeignetes Verfahren vor. Die Ergebnisse der Kalibrierung werden durch einen prozentualen Vergleich von empirischen und geschätzten Daten gegenübergestellt. Eine Robustheitsüberprüfung der Schätzergebnisse erfolgt anschließend durch Sensitivitätsanalysen, wobei als normiertes Gütemaß das Bestimmtheitsmaß gewählt wird.

Um die Qualität der Prognose (What-If-Analyse) und der How-To-Achieve-Analyse zu verbessern, ist ein hoher „Fit-Wert", d.h. ein Bestimmtheitsmaß von $R_B^2 \approx 1$, erstrebenswert. Konkret formuliert erfolgt eine Schätzung des Parametervektors $\mathbf{x} = (a, b, c, d)'$ der Transformationsfunktionen φ_1 und φ_2. Hierzu sind empirische Daten über die Nutzenentwicklung $U_{i,t}^{\alpha}\left(m_t, s_{i,t}^{\alpha}\right)$ und der Anzahl der potentiellen Adoptoren bzw. Adoptoren $\overline{n}_{i,t}^{\alpha}$ über alle Perioden $(t = 1, ..., T)$ notwendig. Der Parametervektor $\mathbf{x}$ ist so zu wählen, daß die Summe der quadratischen Abweichungen zwischen allen Zeitpunkten, zwischen allen zur Auswahl stehenden Alternativen $(i = 1, ..., L)$ und zwischen allen Konsumentengruppen $(\alpha = 1, ..., P)$ minimiert wird.

$$\varphi_1\left(d_{ij,t}^{\alpha}\left(m_t, s_{i,t}^{\alpha}, s_{j,t}^{\alpha}\right), a, b\right) = 1 - e^{-a\left(d_{ij,t}^{\alpha}\left(m_t, s_i^{\alpha}(t), s_j^{\alpha}(t)\right)\right)^b} \tag{6.5}$$

$$\underline{a} \leq a \leq \overline{a}, \quad \underline{b} \leq b \leq \overline{b}$$

$\underline{a}, \underline{b}$: Untere Grenzen

$\overline{a}, \overline{b}$: Obere Grenzen

$$\varphi_2\left(d_{ij,t}^{\alpha}\left(m_t, s_{i,t}^{\alpha}, s_{j,t}^{\alpha}\right), c, d\right) = 1 - e^{-c\left(d_{ij,t}^{\alpha}\left(m_t, s_i^{\alpha}(t), s_j^{\alpha}(t)\right)\right)^d} \quad (6.6)$$

$$\underline{c} \leq c \leq \overline{c}, \; \underline{d} \leq d \leq \overline{d}$$

$\underline{c}, \underline{d}$: Untere Grenzen

$\overline{c}, \overline{d}$: Obere Grenzen

Tabelle 6.4 zeigt ganz allgemein die für die Kalibrierungsphase benötigten empirischen Daten. Für die Modellsimulation gilt speziell $\alpha = 1$.

$\mathbf{t=1}$	$\mathbf{t=2}$	$\cdots$	$\mathbf{t=T}$
$\overline{n}_{1,t}^{\alpha}, U_{1,t}^{\alpha}$	$\overline{n}_{1,t}^{\alpha}, U_{1,t}^{\alpha}$	$\cdots$	$\overline{n}_{1,t}^{\alpha}, U_{1,t}^{\alpha}$
$\vdots$	$\vdots$	$\cdots$	$\vdots$
$\overline{n}_{1,t}^{P}, U_{1,t}^{P}$	$\overline{n}_{1,t}^{P}, U_{1,t}^{P}$	$\cdots$	$\overline{n}_{1,t}^{P}, U_{1,t}^{P}$
$\overline{n}_{2,t}^{\alpha}, U_{2,t}^{\alpha}$	$\overline{n}_{2,t}^{\alpha}, U_{2,t}^{\alpha}$	$\cdots$	$\overline{n}_{2,t}^{\alpha}, U_{2,t}^{\alpha}$
$\vdots$	$\vdots$	$\cdots$	$\vdots$
$\overline{n}_{2,t}^{P}, U_{2,t}^{P}$	$\overline{n}_{2,t}^{P}, U_{2,t}^{P}$	$\cdots$	$\overline{n}_{2,t}^{P}, U_{2,t}^{P}$
$\vdots$	$\vdots$	$\cdots$	$\vdots$
$\overline{n}_{L,t}^{P}, U_{L,t}^{P}$	$\overline{n}_{L,t}^{P}, U_{L,t}^{P}$	$\cdots$	$\overline{n}_{L,t}^{P}, U_{L,t}^{P}$

Tabelle 6.4: Beispiel für empirische Daten

Zur Durchführung des vorliegenden Optimierungsproblems wird das diskretisierte Diffusionsmodell in (5.32) gewählt. Die Anwendung dieses Differenzengleichungssystems begründet sich vor allem aus dem für empirische Arbeiten zugrunde liegenden Datenmaterial, das meist nur in einer zeitdiskreten Form aus Marktuntersuchungen für die Zeitperioden $(t = 1, ..., T)$, für die Alternativen $(i = 1, ..., L)$ und für die Konsumentengruppen $(\alpha = 1, ..., P)$ zur Verfügung steht.

Zur Durchführung der Methode „Kleinste-Quadrate-Schätzung" wird die folgende zu minimierende Funktion $f(\mathbf{x})$ aufgestellt. Die „Kleinste-Quadrate-Schätzung" wird auch als *Ausgleichsproblem* bezeichnet, bei dem die Funktion $f(\mathbf{x})$ aus $m = T \cdot P \cdot L$ Komponenten mit n Variablen besteht. Die Variablen stellen die Parameter (hier $n = 4$) der zwei Transformationsfunktionen φ_1 und φ_2 dar. Für die nichtlineare Funktion $f(\mathbf{x})$ gilt $n \leq m$. Für die Berücksichtigung von unterschiedlichen Gewichtungsfaktoren wird zusätzlich der Parameter λ_t gemäß (6.8) eingeführt.

$$\text{Min } f(\mathbf{x}) = \sum_{t=1}^{T}\sum_{i=1}^{L}\sum_{\alpha=1}^{P} \lambda_t \left(\overline{n}_{i,t}^{\alpha} - n_{i,t}^{\alpha}(\mathbf{x})\right)^2 \tag{6.7}$$

$$\text{u. d. NB.} \quad \begin{pmatrix} \underline{a} \\ \underline{b} \\ \underline{c} \\ \underline{d} \end{pmatrix} \leq \mathbf{x} = \begin{pmatrix} a \\ b \\ c \\ d \end{pmatrix} \leq \begin{pmatrix} \overline{a} \\ \overline{b} \\ \overline{c} \\ \overline{d} \end{pmatrix}, \quad \begin{matrix} \mathbf{x} \in \mathbb{R}^n, \ n = 4 \\ n \leq m = T \cdot L \cdot P \end{matrix}$$

mit:

$$\sum_{t=1}^{T} \lambda_t = 1 \tag{6.8}$$

$\overline{n}_{i,t}^{\alpha}$:	Anzahl der Adoptoren bzw. potentiellen Adoptoren der Alternative i und Konsumentengruppe α zum Zeitpunkt t (empirischer Wert)
$n_{i,t}^{\alpha}(\mathbf{x})$:	Anzahl der Adoptoren bzw. potentiellen Adoptoren der Alternative i und Konsumentengruppe α zum Zeitpunkt t (geschätzter Wert), $\mathbf{x} = (a, b, c, d)'$
$\underline{a}, \underline{b}, \underline{c}, \underline{d}$:	Untere Grenzen
$\overline{a}, \overline{b}, \overline{c}, \overline{d}$:	Obere Grenzen
P :	Anzahl der Konsumentengruppen, $\alpha = 1, ..., P$
L :	Anzahl der Alternativen, $i = 1, ..., L$
T :	Anzahl der Perioden, $t = 1, ..., T$

6.2.4.2 Lösungsverfahren der Modellkalibrierung

Die *Pattern-Search Methode*, auch Muster-Such Methode genannt, gehört zu der Klasse der Direct-Search Methoden, die für Anwendungen von Minimierungsproblemen weder die exakte Berechnung noch Näherungen vom Gradienten der zu minimierenden Funktion verwenden. Diese Art der Methode, die in der Genetischen Algorithmen Toolbox von Matlab implementiert ist, hat sich für die beschriebene Problemstellung bewährt. Sie werden daher auch als „gradientenfreie" Verfahren bezeichnet werden. Die Pattern-Search Methode geht auf das von (Hooke/Jeeves (1961)) entwickelte Verfahren zurück, das bisher von verschiedenen Autoren weiterentwickelt wurde. Obwohl keine Gradienteninformationen zur Lösung von nichtlinearen Optimierungsproblemen verwendet werden, kann bei der Pattern Search Methode bei Berücksichtigung von unteren und oberen Schranken („bound constraints"), ausgehend von einer Startlösung $\mathbf{x}_0 \in \mathbb{R}^n$, Konvergenz einer Folge von Iterationen $\{\mathbf{x}_k\}_{k \in \mathbb{N}}$ in einen stationären Punkt nachgewiesen werden (vgl. Lewis/Torczon (1999), S. 1089 ff.). Ebenfalls zeigen Lewis und Torczon unter bestimmten Annahmen auch im Fall bei linearen Nebenbedingungen eine Konvergenz einer Folge von Iterationen in einen stationären Punkt (vgl. Lewis/Torczon (2000)).

6.2.4.3 Ergebnisse der Kalibrierung

Zur Durchführung der Modellkalibrierung wird auf Grundlage der Mobilfunkentwicklung (siehe Abbildung 6.5) und eines Testdatensatzes der Nutzenfunktionswerte (siehe Abbildung 6.7) ein Startvektor $\mathbf{x}_0 \in \mathbb{R}^4$ bei Beachtung der Nebenbedingungen von (6.7) gewählt. Als Ergebnis liefert die Pattern-Search Methode einen Vektor $\mathbf{x}_S \in \mathbb{R}^4$ zurück, der den vorliegenden Datensatz bei zeitlich gleicher Gewichtung der Perioden (d.h. $\lambda_1 = \lambda_2 = ... = \lambda_T$) minimiert. Neben einer zeitlich gleichen Gewichtung der Perioden können zur „Steuerung" der Abweichungen aber auch unterschiedliche Gewichtungen gewählt werden. Einen Vergleich zwischen den empirischen und den geschätzten Daten für den Zeitraum 1992-2004 zeigt Abbildung 6.8. Da kaum sichtbare Abweichungen zu erkennen sind, wird in Abbildung 6.9 und Tabelle 6.5 eine separate Ausschnittsvergrößerung für den Zeitraum 1999-2004 gegeben.

	1999	2000	2001	2002	2003	2004
Pot. Adoptoren (empirisch)	59.266.248	34.421.248	26.348.401	23.438.248	17.767.248	11.250.248
Pot. Adoptoren (geschätzt)	59.207.787	34.254.857	26.202.684	23.903.542	18.225.976	11.228.943
D1-Netz (empirisch)	9.100.000	19.100.000	23.080.847	24.582.000	26.333.000	27.471.000
D1-Netz (geschätzt)	9.129.625	19.198.980	23.021.623	23.962.491	26.005.779	27.859.130
D2-Netz (empirisch)	9.500.000	19.245.000	22.000.000	22.700.000	24.700.000	26.940.000
D2-Netz (geschätzt)	9.510.453	19.290.243	22.181.978	22.772.065	24.496.648	26.549.888
E1-Netz (empirisch)	3.800.000	6.600.000	7.481.000	7.270.000	8.206.000	9.505.000
E1-Netz (geschätzt)	3.798.013	6.602.634	7.484.765	7.469.416	8.401.671	9.680.271
E2-Netz (empirisch)	900.000	3.200.000	3.656.000	4.576.000	5.560.000	7.400.000
E2-Netz (geschätzt)	920.365	3.219.529	3.675.194	4.458.730	5.436.168	7.248.012

Tabelle 6.5: Vergleich der empirischen und der geschätzten Daten für den Zeitraum 1999-2004

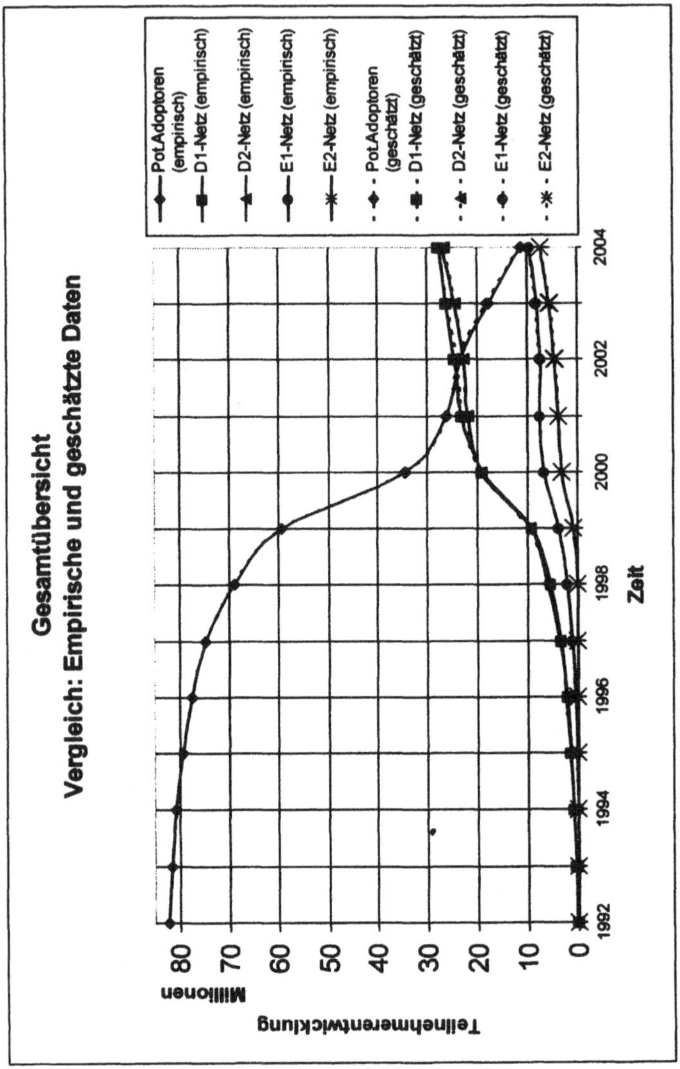

Abbildung 6.8: Vergleich der empirischen und geschätzen Daten für den Zeitraum 1992-2004

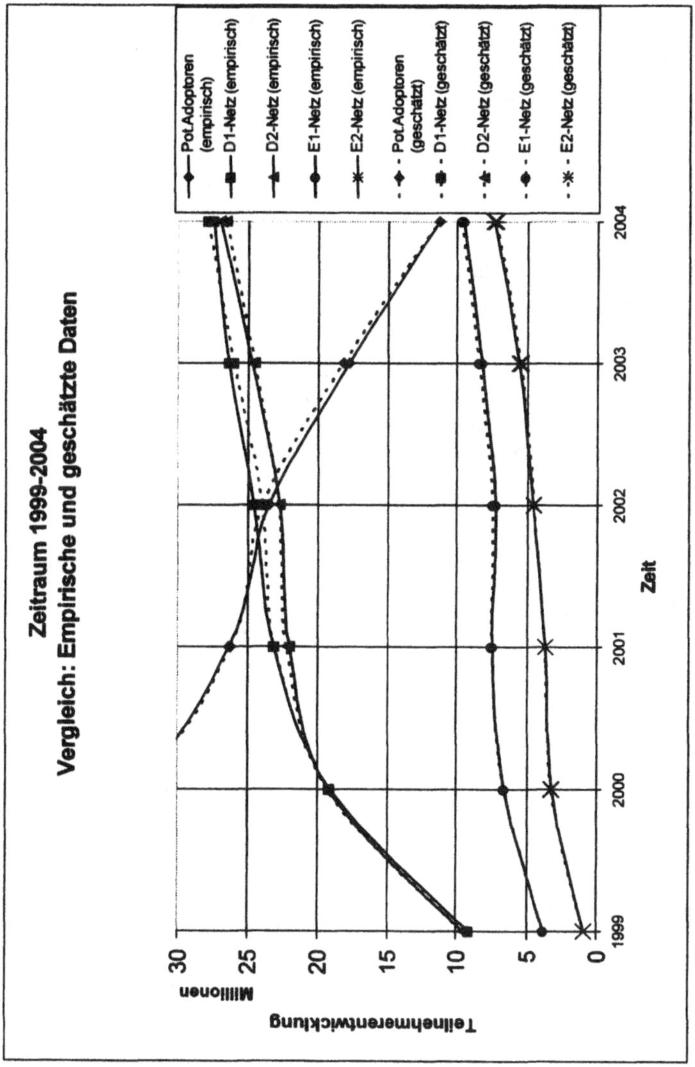

Abbildung 6.9: Vergleich der empirischen und der geschätzten Daten für den Zeitraum 1999-2004

Die mit der Modellkalibrierung erzielten hohen Werte für das Bestimmtheitsmaß[7] von $R_B^2 = 0,99$ verdeutlichen einen „sehr guten“ Fit und unterstreichen die Wahl der Transformationsfunktionen φ_1, φ_2 und den zugrunde gelegten Datensatz für die Nutzenfunktionen. Eine detaillierte Analyse der prozentualen Abweichungen für den Zeitraum 1992-2004 zeigen die Abbildungen 6.10, 6.11, 6.12, 6.13 und 6.14. Während eine positive Abweichung auf eine Überschätzung hindeutet, repräsentiert eine negative Abweichung eine Unterschätzung für den jeweiligen Zeitpunkt. Die maximalen prozentualen Abweichungen liegen bei etwa 3%.

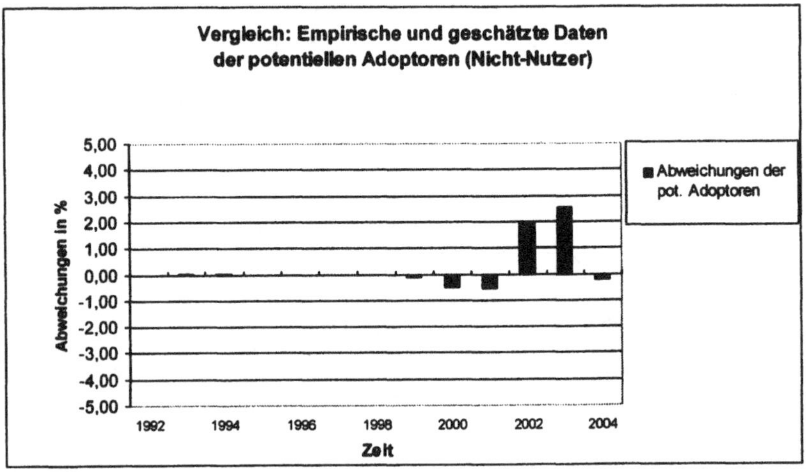

Abbildung 6.10: Prozentuale Abweichungen der pot. Adoptoren (Nicht-Nutzer)

[7] Zum Bestimmheitsmaß siehe Backhaus et al. ((1990), S. 16)) und Reisinger ((1996), S. 41 f.).

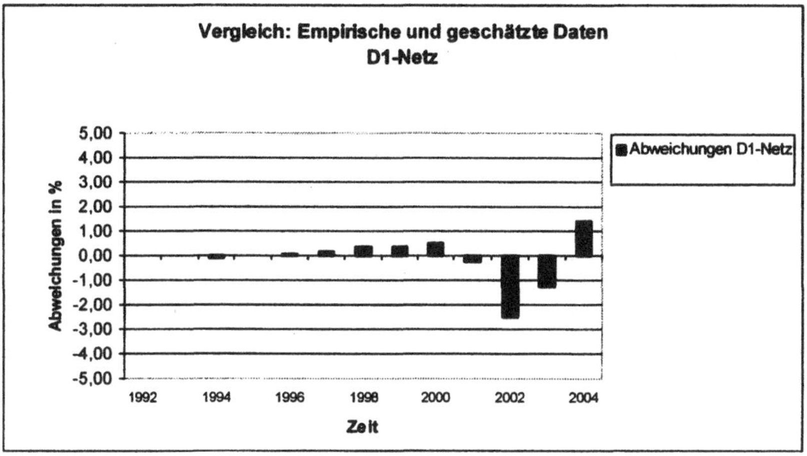

Abbildung 6.11: Prozentuale Abweichungen der D1-Teilnehmer

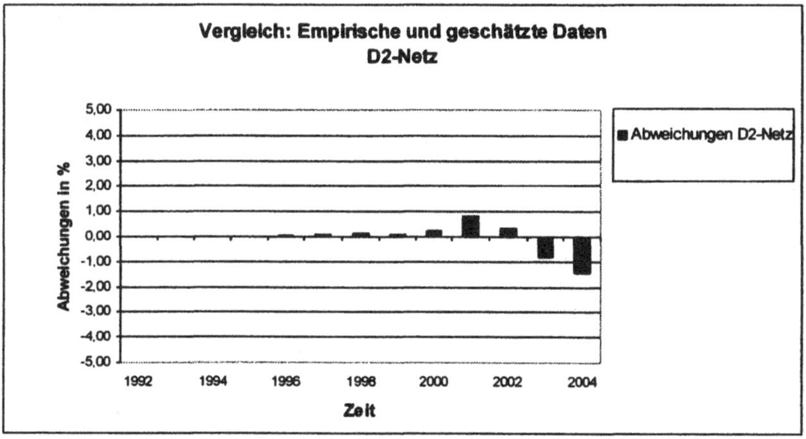

Abbildung 6.12: Prozentuale Abweichungen der D2-Teilnehmer

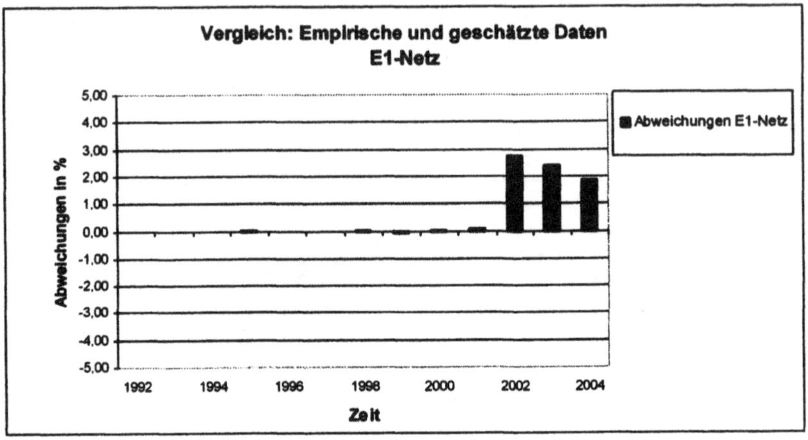

Abbildung 6.13: Prozentuale Abweichungen der E1-Teilnehmer

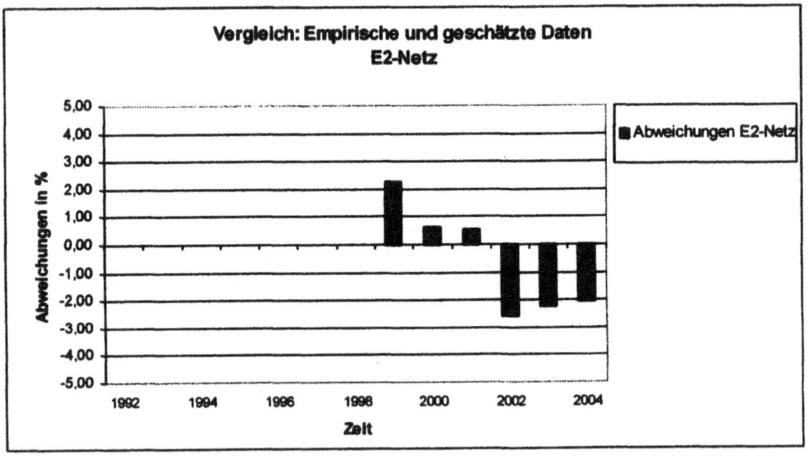

Abbildung 6.14: Prozentuale Abweichungen der E2-Teilnehmer

Um die Qualität der Schätzung beurteilen zu können, ist eine genauere Analyse der Modellkalibrierung notwendig. Insbesondere ist zu untersuchen, wie robust das Bestimmtheitsmaß auf Änderungen der Ausgangsdaten reagiert. Mit Hilfe von Sensitivitätsanalysen kann die Robustheit der Schätzung beurteilt werden. Sie kann an verschiedenen Punkten ansetzen:

1. *Veränderung der Parameter der Transformationsfunktionen:* Die bei der Kalibrierung geschätzten Parameter $\mathbf{x}_S \in \mathbb{R}^4$ der Transformationsfunktionen φ_1 und φ_2 werden zur Robustheitsprüfung schrittweise verändert. Die Auswirkungen bei einer schrittweisen Veränderung des geschätzten Parameterwerts von $a = 19$ der Transformationsfunktion φ_1 (siehe (6.5)) auf $a^* = 200$ ist in Abbildung 6.15 verdeutlicht. Es zeigt sich, daß selbst bei $a^* = 200$ noch ein „guter" Wert für das Bestimmtheitsmaß $R_B^2 = 0,91$ resultiert.

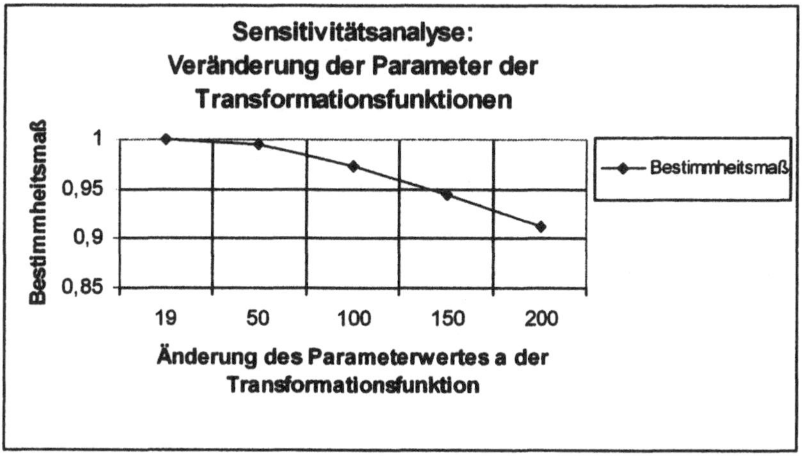

Abbildung 6.15: Veränderung der Parameter der Transformationsfunktion

2. Bei einer *Veränderung* der dem Simulationsmodell zugrunde gelegten *Ausprägungen der Aktionsparameter* wird ebenfalls untersucht, welche Auswirkungen beim Bestimmtheitsmaß zu beobachten sind. Werden z.B. die Ausprägung des Aktionsparameters „Markenimage" prozentual von einem Ausgangswert schrittweise über alle Perioden um 25% - bezogen auf den Ausgangswert - auf 100% verändert, zeigt sich der in Abbildung 6.16 dargestellte Verlauf. Es ist festzustellen, daß selbst bei einer Änderung von 100% noch ein „guter" Wert für das Bestimmtheitsmaß von $R_B^2 = 0,90$ erzielt werden kann.

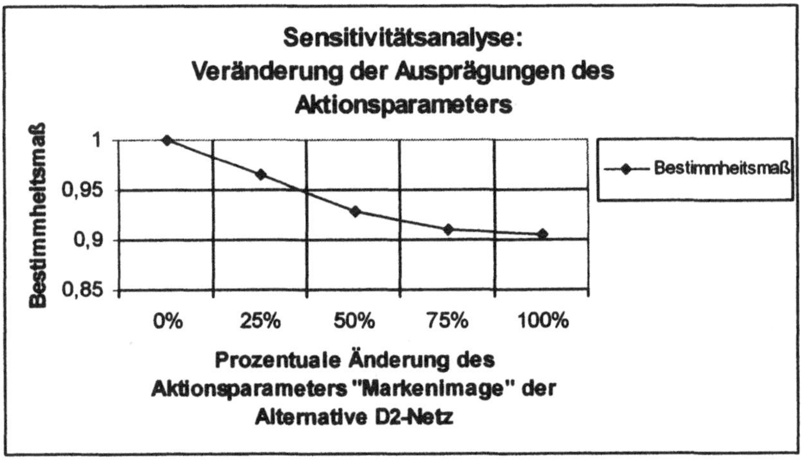

Abbildung 6.16: Veränderung der Ausprägungen des Aktionsparameters

6.2.5 What-If-Analyse

6.2.5.1 Auswirkungen von Strategieänderungen

Während im letzten Schritt des Phasenmodells eine Kalibrierung an Vergangenheitsdaten mit der Methode „Kleinste-Quadrate-Schätzung“ und eine Überprüfung der Robustheit der Schätzergebnisse im Vordergrund stand, konzentriert sich diese Phase auf die Auswirkungen des Diffusionsverlaufs, die bei Veränderungen von z.B. Marketingpolitiken entstehen. Unter diesen Veränderungen können im weitesten Sinne auch Strategieänderungen verstanden werden, die bei Managemententscheidungen dazu dienen, eine z.B. vorher festgelegte Ausrichtung einer Marktbearbeitung grundlegend zu verändern. Für Kotler und Bliemel ((1992), S. 47) ist strategische Planung *„...ein managementbetriebener Prozeß bei dem die Ziele und Ressourcen des Unternehmens an die sich ändernden Marktchancen angepaßt werden...“*. Dieses sicherlich sehr weit gefaßte Verständnis, das bei Veränderungen vor allem alle Unternehmensbereiche und die Aktionen auf den Absatz- und Beschaffungsmärkten mehr oder weniger stark beeinflussen kann, soll aber in dieser Phase deutlich enger interpretiert werden. Unter Strategieänderungen sollen daher im Folgenden Änderungen von Aktionen, z.B. einer Preispolitik, verstanden werden, die die einzelnen Variablen der definierten Nutzenfunktionen determinieren. Die in der Regel mit Strategieänderungen verbundenen Ressourcen-, Gewinn- oder Kostenabhängigkeiten werden allerdings nicht betrachtet.

Bei Managemententscheidungen könnte z.B. die Frage gestellt werden, wie stark sich in Zukunft Preisänderungen oder Änderungen des Markenimage ceteris paribus auf den Diffusionsverlauf des eigenen Produkts und der Konkurrenzprodukte auswirken. Darüber hinaus könnten aber auch Fragestellungen aufkommen, die sich mit Auswirkungen von Änderungen der Aktionsparameter in der Vergangenheit auf die gegenwärtige Situation beschäftigen.

Daher werden mit What-If-Analysen sowohl in die Zukunft gerichtete Aktionen, d.h. Prognosen, als auch Auswirkungen von zeitlich früheren Aktionen auf die Gegenwart untersucht.

Eine auf den kalibrierten Modellparametern aufbauende Prognose für den Diffusionsverlauf im Zeitraum 2005-2008 zeigt Abbildung 6.17, bei der die Parametereinstellungen von 2004 beibehalten wurden. Die Teilnehmerzahlen zeigen für die zwei größeren Netzbetreiber D1-Netz und D2-Netz ein annähernd gleiches Wachstum. Bei einem Vergleich der kleineren Netzbetreiber E1-Netz und E2-Netz bis zum Jahr 2008 ist ebenfalls ein etwa gleiches Wachstum zu beobachten.

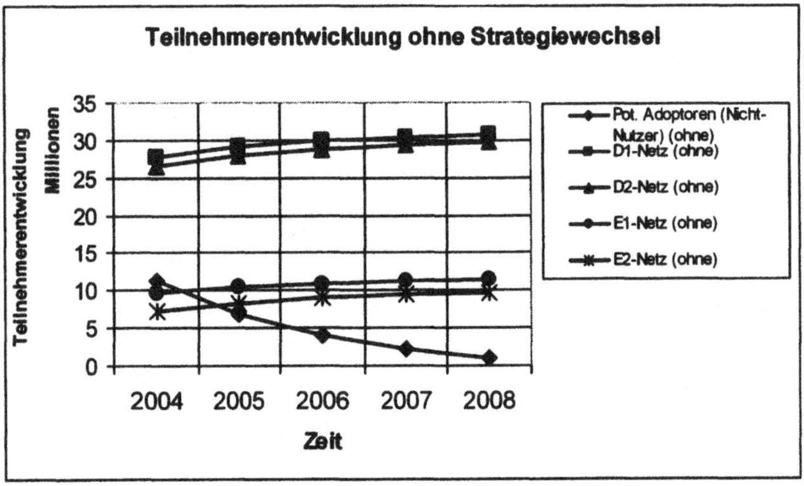

Abbildung 6.17: Mögliche Prognose für den Zeitraum 2005-2008 (ohne Strategiewechsel)

Eine anderer Diffusionsverlauf entsteht bei Änderungen der Aktionsparameter. Wird z.B. ab 2005 versucht, das Teilnehmerwachstum beim D2-Netz durch eine aggressive Preisstrategie bis 2008 zu steigern, kann sich ceteris paribus folgender Diffusionsverlauf einstellen (siehe Abbildung 6.18).

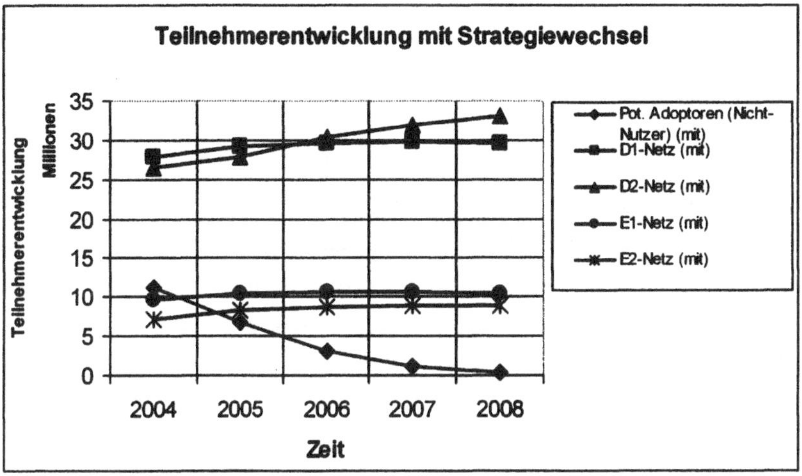

Abbildung 6.18: Mögliche Prognose für den Zeitraum 2005-2008 (mit Strategiewechsel)

Im Vergleich zu Abbildung 6.17 ist ein Anstieg der Teilnehmerzahlen beim D2-Netz zu erkennen. Ab 2006 übertrifft sogar die Anzahl der Teilnehmer die Alternative D1-Netz. Bezogen auf das Jahr 2008, führt die durchgeführte aggressive Preisstrategie im Jahr 2008 zu einem Teilnehmerzuwachs beim D2-Netz von 11,1%.

Der Teilnehmeranstieg des D2-Netzes resultiert aus einem durch die Preisreduzierung erhöhtem Gesamtnutzen und ist auf die linear fallende Aktionsparameterfunktion zurückzuführen (siehe Tabelle 6.3). Die Veränderung der Ausprägungen der Aktionsparameter haben auf Grundlage des Diffusionsmodells eine Änderung der Wechselwahrscheinlichkeiten und der Zu- und Abflußraten zur Folge.

Einen detaillierten Vergleich der Wechselwahrscheinlichkeiten *ohne* und *mit* Strategieänderung zeigt Tabelle 6.6 auf Seite 183. Dabei wird deutlich, daß die Wechselwahrscheinlichkeiten bezogen auf das D2-Netz *mit* Strategieänderung höher ausfallen. Während z.B. im Fall *ohne* Strategieänderung die Wechselwahrscheinlichkeit im Jahr 2008 von den potentiellen Adoptoren zur Alternative D2-Netz bei 0,1709 liegt, fällt sie mit 0,4013 im Fall *mit* Strategieänderung deutlich höher aus. Darüber hinaus ziehen die veränderten Wechselwahrscheinlichkeiten auch höhere Zuflußraten beim D2-Netz nach sich (siehe Tabelle 6.7 auf Seite 184 und Tabelle 6.8 auf Seite 185). So liegen für 2008 die Zuflußraten beim D2-Netz *ohne* Strategieänderung bei 372.949,62 Teilnehmern, während sie im Fall *mit* Strategieänderung mit 1.085.797,67 deutlich höher ausfallen. Hierbei resultieren die höheren Teilnehmerzahlen aber nicht nur allein aus den potentiellen Adoptoren, sondern hohe Zuflüssen sind auch vom D1-Netz (243.393,55 Teilnehmer), E1-Netz (229.115,97 Teilnehmer) und E2-Netz (115.102,22 Teilnehmer) zu verzeichnen.

Die auf diese Art vom Diffusionsmodell zu Verfügung gestellten Informationen über die Zu- und Abflußraten lassen im Rahmen der Entscheidungsunterstützung sehr detaillierte Analysen über die Wechselwirkungsmechanismen zwischen den verschiedenen Alternativen zu. So könnten sich auf Grundlage dieser Ergebnisse weitere Strategiediskussionen anschließen, bei denen z.B. die Alternativen D1-Netz, E1-Netz oder E2-Netz aktiv auf die Preispolitik des D2-Netzes reagieren. Die Ergebnisse dieser Simulationsläufe liefern im Rahmen der Entscheidungsunterstützung einen praxisrelevanten Beitrag, um die verschiedenen Handlungsalternativen konkreter zu bewerten.

Wechselwahrscheinlichkeiten

Ohne Strategieänderung

2006

von \ nach	Pot.-Adoptoren	D1-Netz	D2-Netz	E1-Netz	E2-Netz
Pot.-Adoptoren	0,5825	0,1194	0,1314	0,0694	0,0974
D1-Netz	0,0000	1,0000	0,0000	0,0000	0,0000
D2-Netz	0,0000	0,0000	1,0000	0,0000	0,0000
E1-Netz	0,0000	0,0003	0,0004	0,9993	0,0001
E2-Netz	0,0000	0,0000	0,0000	0,0000	0,9999

2007

von \ nach	Pot.-Adoptoren	D1-Netz	D2-Netz	E1-Netz	E2-Netz
Pot.-Adoptoren	0,5433	0,1328	0,1457	0,0746	0,1036
D1-Netz	0,0000	1,0000	0,0000	0,0000	0,0000
D2-Netz	0,0000	0,0000	1,0000	0,0000	0,0000
E1-Netz	0,0000	0,0003	0,0006	0,9991	0,0001
E2-Netz	0,0000	0,0000	0,0001	0,0000	0,9999

2008

von \ nach	Pot.-Adoptoren	D1-Netz	D2-Netz	E1-Netz	E2-Netz
Pot.-Adoptoren	0,4638	0,1566	0,1709	0,0885	0,1203
D1-Netz	0,0000	1,0000	0,0000	0,0000	0,0000
D2-Netz	0,0000	0,0000	1,0000	0,0000	0,0000
E1-Netz	0,0000	0,0004	0,0006	0,9989	0,0001
E2-Netz	0,0000	0,0000	0,0001	0,0000	0,9999

Mit Strategieänderung

2006

von \ nach	Pot.-Adoptoren	D1-Netz	D2-Netz	E1-Netz	E2-Netz
Pot.-Adoptoren	0,4616	0,0946	0,3116	0,0550	0,0772
D1-Netz	0,0000	0,9946	0,0054	0,0000	0,0000
D2-Netz	0,0000	0,0000	1,0000	0,0000	0,0000
E1-Netz	0,0000	0,0003	0,0147	0,9850	0,0001
E2-Netz	0,0000	0,0000	0,0082	0,0000	0,9917

2007

von \ nach	Pot.-Adoptoren	D1-Netz	D2-Netz	E1-Netz	E2-Netz
Pot.-Adoptoren	0,3987	0,1050	0,3515	0,0608	0,0840
D1-Netz	0,0000	0,9932	0,0068	0,0000	0,0000
D2-Netz	0,0000	0,0000	1,0000	0,0000	0,0000
E1-Netz	0,0000	0,0003	0,0184	0,9812	0,0001
E2-Netz	0,0000	0,0000	0,0107	0,0000	0,9892

2008

von \ nach	Pot.-Adoptoren	D1-Netz	D2-Netz	E1-Netz	E2-Netz
Pot.-Adoptoren	0,2898	0,1275	0,4013	0,0777	0,1037
D1-Netz	0,0000	0,9918	0,0082	0,0000	0,0000
D2-Netz	0,0000	0,0000	1,0000	0,0000	0,0000
E1-Netz	0,0000	0,0003	0,0215	0,9781	0,0001
E2-Netz	0,0000	0,0000	0,0128	0,0000	0,9871

Tabelle 6.6: Vergleich der Wechselwahrscheinlichkeiten: Ohne und mit Strategieänderung

Zuflüsse und Abflüsse

Ohne Strategieänderung

2006

nach / von	Pot.-Adoptoren	D1-Netz	D2-Netz	E1-Netz	E2-Netz
Pot.-Adoptoren	3928325,03	805203,54	885882,06	467718,03	656767,90
D1-Netz	-805203,54	29104515,04	51,45	-2681,54	-126,54
D2-Netz	-885882,06	-51,45	27924415,40	-4525,75	-410,61
E1-Netz	-467718,03	2681,54	4525,75	10443466,60	609,57
E2-Netz	-656767,90	126,54	410,61	-609,57	8341543,93
Zuflüsse (gesamt)	0,00	808011,62	890869,87	467718,03	657377,47
Abflüsse (gesamt)	2815571,53	51,45	0,00	7816,86	537,15

2007

nach / von	Pot.-Adoptoren	D1-Netz	D2-Netz	E1-Netz	E2-Netz
Pot.-Adoptoren	2134092,16	521729,86	572348,94	293008,14	407145,93
D1-Netz	-521729,86	29912472,63	54,04	-3729,67	-270,55
D2-Netz	-572348,94	-54,04	28815285,27	-6053,14	-720,43
E1-Netz	-293008,14	3729,67	6053,14	10900768,93	632,90
E2-Netz	-407145,93	270,55	720,43	-632,90	8997930,43
Zuflüsse (gesamt)	0,00	525730,07	579176,54	293008,14	407145,93
Abflüsse (gesamt)	1794232,87	54,04	0,00	10415,71	990,98

2008

nach / von	Pot.-Adoptoren	D1-Netz	D2-Netz	E1-Netz	E2-Netz
Pot.-Adoptoren	989750,73	334203,95	364615,10	188811,25	256711,13
D1-Netz	-334203,95	30438146,45	56,24	-4578,77	-415,81
D2-Netz	-364615,10	-56,24	29394461,81	-7271,80	-1006,48
E1-Netz	-188811,25	4578,77	7271,80	11181278,83	647,67
E2-Netz	-256711,13	415,81	1006,48	-647,67	9404286,97
Zuflüsse (gesamt)	0,00	339198,53	372949,62	188811,25	257358,80
Abflüsse (gesamt)	1144341,43	56,24	0,00	12498,24	1422,29

Tabelle 6.7: Vergleich der Zuflüsse und Abflüsse: Ohne Strategieänderung

Zuflüsse und Abflüsse

Mit Strategieänderung

2006

nach / von	Pot.-Adoptoren	D1-Netz	D2-Netz	E1-Netz	E2-Netz
Pot.-Adoptoren	3113245,91	638133,71	2101348,01	370672,30	520496,64
D1-Netz	-638133,71	28948367,27	156199,22	-2643,22	-125,50
D2-Netz	-2101348,01	-156199,22	27924415,40	-153816,18	-68745,82
E1-Netz	-370672,30	2643,22	153816,18	10294223,20	600,86
E2-Netz	-520496,64	125,50	68745,82	-600,86	8273209,76
Zuflüsse (gesamt)	0,00	640902,43	2480109,23	370672,30	521097,50
Abflüsse (gesamt)	3630650,65	156199,22	0,00	157060,26	68871,32

2007

nach / von	Pot.-Adoptoren	D1-Netz	D2-Netz	E1-Netz	E2-Netz
Pot.-Adoptoren	1241371,22	326840,87	1094141,36	189380,33	261512,12
D1-Netz	-326840,87	29388257,16	201012,54	-3205,07	-201,41
D2-Netz	-1094141,36	-201012,54	30404524,63	-196707,27	-94529,74
E1-Netz	-189380,33	3205,07	196707,27	10464370,60	612,56
E2-Netz	-261512,12	201,41	94529,74	-612,56	8699576,11
Zuflüsse (gesamt)	0,00	330247,36	1586390,92	189380,33	262124,68
Abflüsse (gesamt)	1871874,69	201012,54	0,00	200524,90	94731,16

2008

nach / von	Pot.-Adoptoren	D1-Netz	D2-Netz	E1-Netz	E2-Netz
Pot.-Adoptoren	359682,51	158294,55	498185,92	96477,61	128730,63
D1-Netz	-158294,55	29475110,97	243393,55	-3350,76	-226,87
D2-Netz	-498185,92	-243393,55	31990915,55	-229115,97	-115102,22
E1-Netz	-96477,61	3350,76	229115,97	10420669,74	614,45
E2-Netz	-128730,63	226,87	115102,22	-614,45	8846371,69
Zuflüsse (gesamt)	0,00	161872,19	1085797,67	96477,61	129345,08
Abflüsse (gesamt)	881688,71	243393,55	0,00	233081,19	115329,09

Tabelle 6.8: Vergleich der Zuflüsse und Abflüsse: Mit Strategieänderung

6.2.5.2 Auswirkungen bei Änderungen des Netzeffekteinflusses

Die in Kapitel 2.2.3 beschrieben Besonderheiten bei Netzeffektgütern mit direkten Netzeffekten sind auf die zu Beginn vorherrschenden Marktwiderstände und das Fehlen von Start-up Faktoren zurückzuführen. Es zeigt sich ein insgesamt linksschiefer Verlauf der Adoptionskurve. Im weiteren Verlauf, insbesondere nach dem Überschreiten eines Kritischen Masse Punktes, folgt eine meist progressiv ansteigende Entwicklung der Diffusionskurve, die auf positive Rückkopplungsmechanismen zurückzuführen ist.

Aufgrund dieses Charakteristikums darf sich das Produktmanagement nicht nur auf die durch die Unternehmen selbst beinflußbaren Aktionsparameter verlassen, sondern muß auch direkte Netzeffekte, d.h. endogene Variablen, in der Bewertung von Diffusionsverläufen in die Entscheidung einfließen lassen. Um die Auswirkungen bei Veränderung des Netzeffekteinflusses auf den Diffusionsverlauf bei Netzeffektgütern zu analysieren, wird für den Zeitraum 1992-2004 bei den Alternativen D1-Netz, D2-Netz, E1-Netz und E2-Netz die Einflußstärke von direkten Netzeffekten erhöht. Zum einen wird der unterstellte Gewichtungsfaktor $c^1_{II,R+1}$ um 10% erhöht und zum anderen der Netzeffekteinfluß durch eine veränderte Parametrisierung (von $\lambda_1 = 7$ auf $\lambda_1^* = 100$) der Netzeffektfunktion (6.3) verstärkt (siehe Abbildung 6.19).

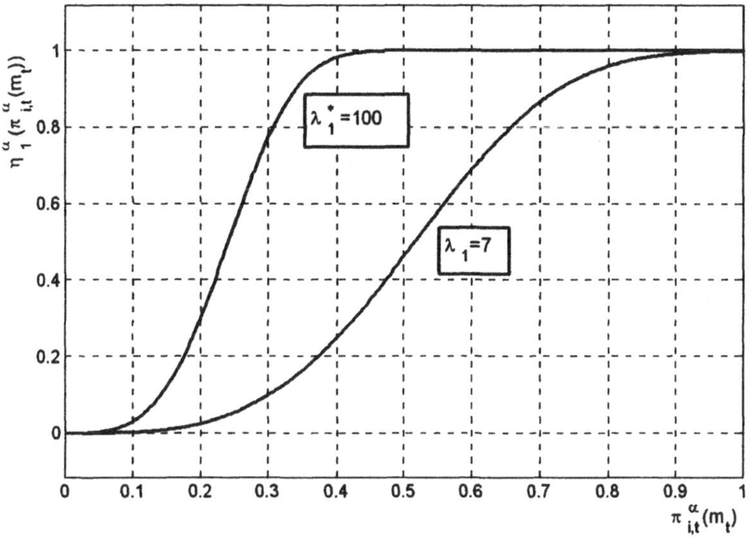

Abbildung 6.19: Geänderte Netzeffektfunktion

Ein Vergleich des Diffusionsverlaufs von schwächeren (ursprünglicher Verlauf) und stärkeren Netzeffekten ist in Abbildung 6.20 verdeutlicht. Es zeigt sich, daß der verzögerte Diffusionsverlauf in der Anfangsphase, der durch eine erhöhte Anzahl von Nicht-Nutzern bis zum Jahr 2001 gekennzeichnet ist, in ein beschleunigtes Teilnehmerwachstum übergeht. Besonders deutlich sind diese stärkeren Netzeffekte bei dem D1-Netz und D2-Netz ausgeprägt, die ab dem Jahr 2001 davon besonders profitieren. Auf der anderen Seite kann sich ein Netzeffektnutzen beim E1-Netz und E2-Netz aufgrund der kleineren Teilnehmeranzahl nicht richtig entfalten, so daß der Nutzenunterschied gegenüber den größeren Netzbetreibern - wegen der eher einsetzenden Netzeffekte - noch vergrößert wird.

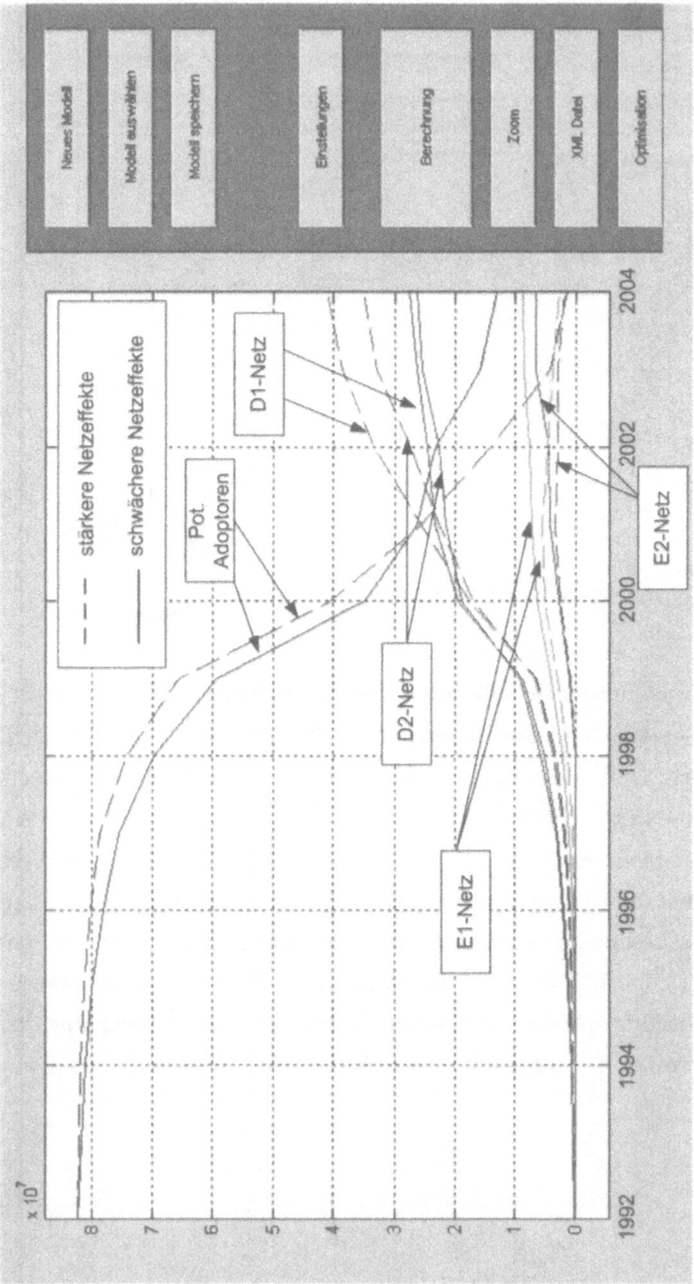

Abbildung 6.20: Auswirkungen bei Veränderung des Netzeffekteinflusses

Der bei Netzeffektgütern mit direkten Netzeffekten charakteristische linksschiefe Verlauf der Adoptionskurve wird bei stärkeren Netzeffekten weiter erhöht. Eine Gegenüberstellung der Adoptions- und Diffusionskurven bei stärkeren zu schwächern Netzeffekteinflüssen zeigt Abbildung 6.21.

Ein linksschiefer Verlauf ist auf die zu Beginn auftretenden Marktwiderstände und Start-up-Faktoren zurückzuführen. Dieser Trägheitseffekt, der auch als Pinguin-Effekt bezeichnet wird (siehe Kapitel 2.2.3), geht nach dem Überschreiten eines Kritischen-Masse-Punktes in ein beschleunigtes Teilnehmerwachstum über. Es stellt sich ab diesem Punkt ein progressiv ansteigender Verlauf der Diffusionskurve ein. Obwohl ein im mathematischen Sinne Kritischer-Masse-Punkt sicherlich nicht exakt angegeben werden kann, ist in Abbildung 6.21 ein Bereich zu erkennen, bei dem ein beschleunigtes Teilnehmerwachstum beobachtet wird. Dieser Bereich (Zeitraum 1999-2001) kann damit auch *Kritischer-Masse-Bereich* interpretiert werden, ab dem sich langfristig ein erfolgreicher Diffusionsverlauf einstellt und die Ausbreitungsentwicklung von der Instabilitätsphase in die Stabilitätsphase übergeht.

Die bei der Adoptions- und Diffusionskurve in Abbildung 6.21 insgesamt beobachteten Phänomene bei Netzeffektgütern stehen im Mittelpunkt der folgenden Untersuchungen. Mit dem Simulationsmodell ist nicht nur eine Untersuchung der Diffusionsentwicklung unter Einbezug aller Alternativen möglich, sondern die integrierte Flexibilität des Modells erlaubt eine detaillierte Analyse der einzelnen Netzbetreiber.

Die in Abbildung 6.22 dargestellte Entwicklung der potentiellen Adoptoren zeigt einen noch stärker verzögerten Diffusionsverlauf bei stärkeren Netzeffekten. Dieser Effekt kehrt sich aber zugunsten stärkerer Netzeffekte noch deutlicher ab 2001 um, d.h. der Kreis der potentiellen Adoptoren nimmt weiter ab. Die Abnahme der Nicht-Nutzer begünstigt auf der anderen Seite aber vor allem die größeren Netzbetreiber D1-Netz und D2-Netz, bei denen die vergrößerte Installierte Basis das Teilnehmerwachstum ab 2001 bewirkt (siehe Abbildung 6.23 und 6.24).

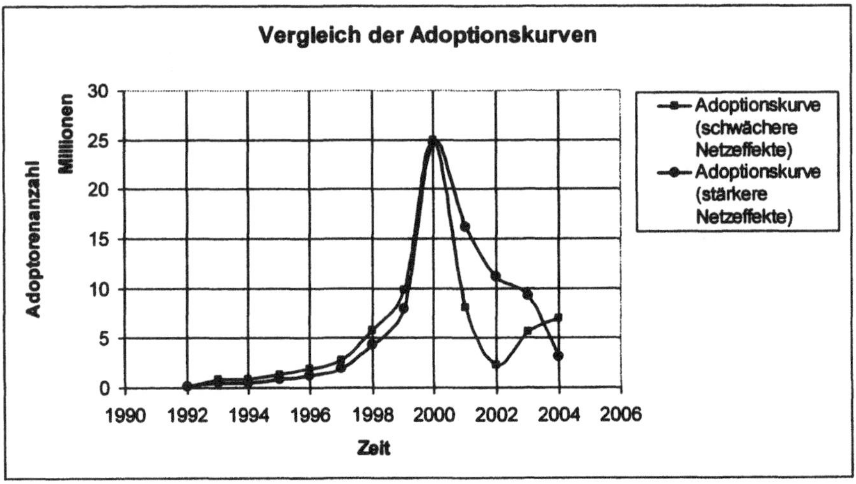

Abbildung 6.21: Vergleich der Diffusions- und Adoptionskurve bei stärkeren und schwächeren Netzeffekten

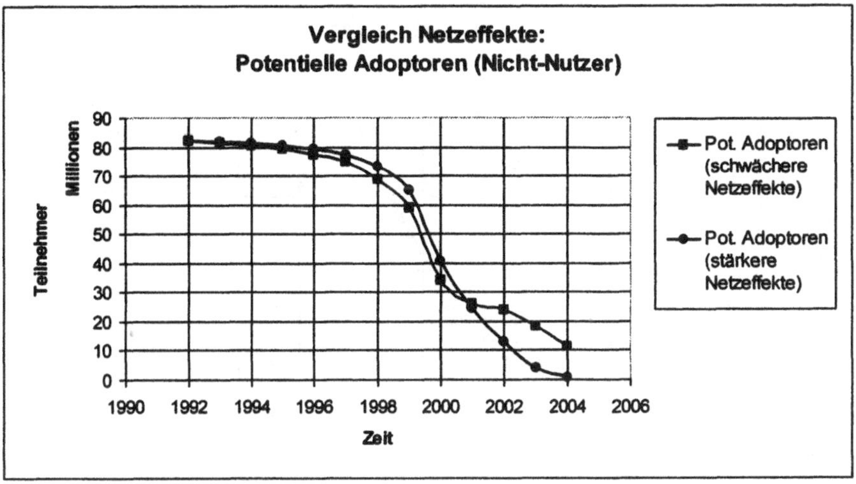

Abbildung 6.22: Vergleich von stärkeren und schwächeren Netzeffekten der pot. Adoptoren

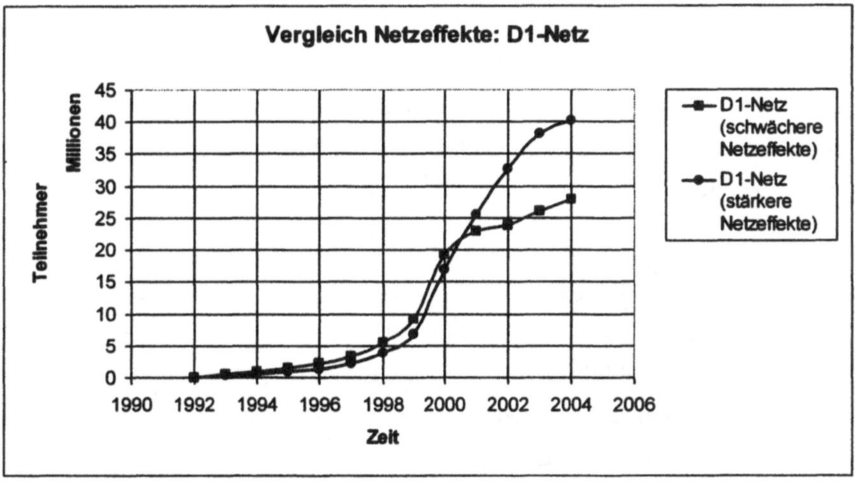

Abbildung 6.23: Vergleich von stärkeren und schwächeren Netzeffekten bei der Alternative D1-Netz

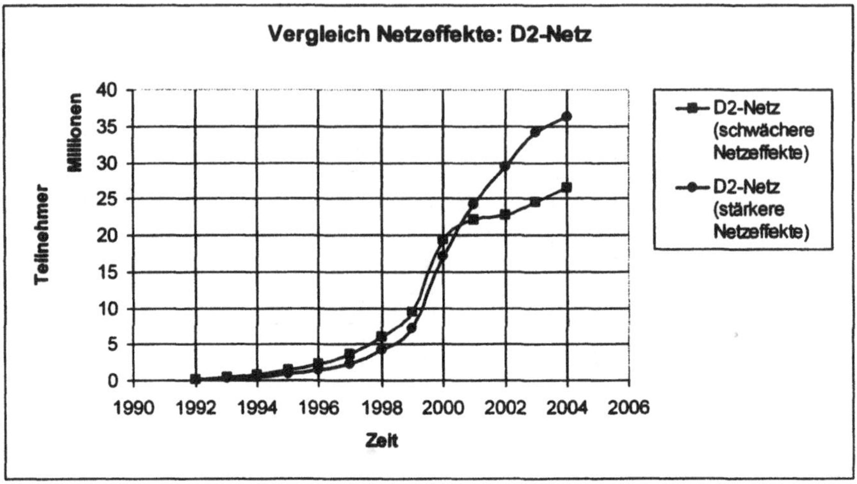

Abbildung 6.24: Vergleich von stärkeren und schwächeren Netzeffekten bei der Alternative D2-Netz

Während die First-Mover (D1-Netz und D2-Netz) beim Vorliegen von stärkeren Netzeffekten auch noch deutlicher profitieren können, zeigt der Verlauf bei den Second-Movern (E1-Netz und E2-Netz) ein anderes Bild. Durch den späteren Markteintritt konnte noch keine ausreichende Installierte Basis aufgebaut werden, die sich bei stärkeren Netzeffekten beim E1-Netz und E2-Netz negativ bemerkbar macht (siehe Abbildung 6.25 und 6.26).

Der durch die Installierte Basis beim D1-Netz bzw. D2-Netz generierte Nutzenvorteil bewirkt im Fall *stärkerer* Netzeffekte beim E1-Netz und E2-Netz einen Teilnehmerrückgang (siehe Abbildung 6.25) bzw. eine Stagnation auf geringerem Niveau (siehe Abbildung 6.26). In diesem Fall würde die mit einem Zeitverzug aufgebaute Installierte Basis beim E1-Netz bzw. E2-Netz nicht dazu ausreichen, um sich langfristig gegen die etablierten Anbieter zu positionieren. Denkbar wäre z.B. eine Strategieänderung in Form einer Preissenkung ab 2001, um den durch den Einfluß der Netzeffekte aufgebauten Nutzenvorteil der etablierten Anbieter zu kompensieren.

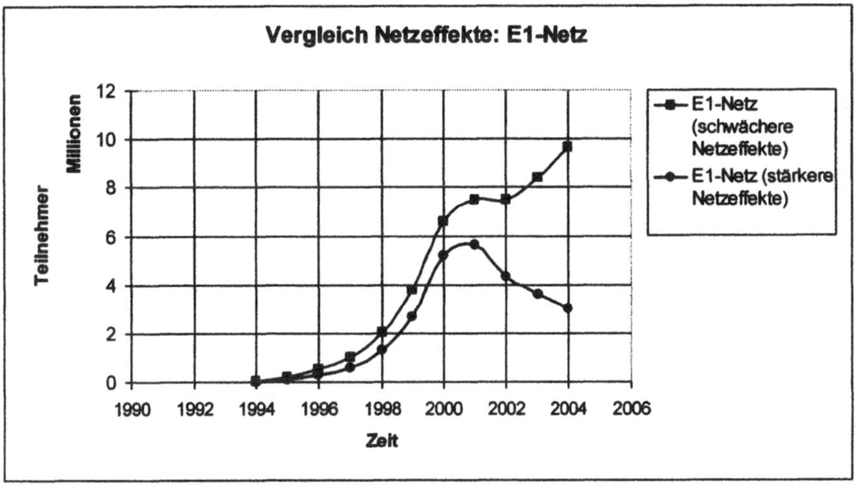

Abbildung 6.25: Vergleich von stärkeren und schwächeren Netzeffekten bei der Alternative E1-Netz

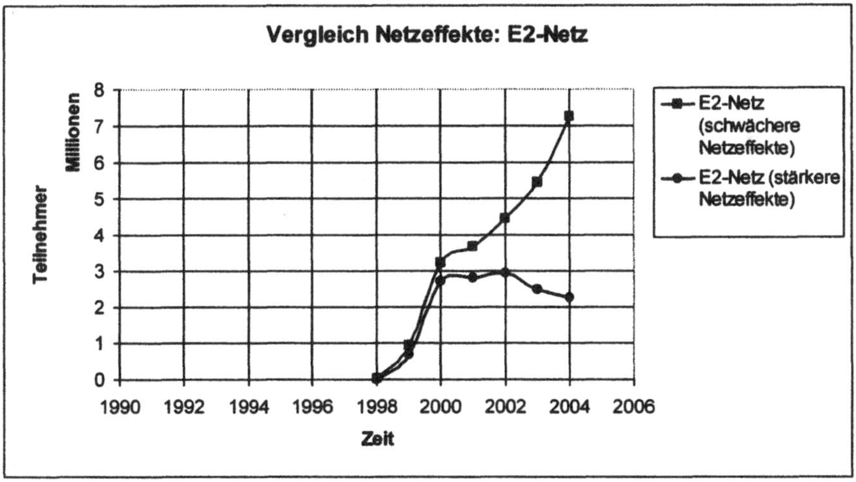

Abbildung 6.26: Vergleich von stärkeren und schwächeren Netzeffekten bei der Alternative E2-Netz

6.2.6 How-To-Achieve-Analyse

Eine weitere Phase im Simulationsmodell ist die How-To-Achieve-Analyse. Sie findet bevorzugt im Rahmen der Entscheidungsunterstützung dann Anwendung, wenn ein vorher festgelegtes Ziel durch Veränderung von Maßnahmen erreicht werden soll. Eine Änderung von Maßnahmen meint in diesem Kontext die zeitliche Variation von Ausprägungen der den Nutzenfunktionen zugrunde gelegten Aktionsparametern. Der Anbieter einer Alternative ist z.B. daran interessiert, eine geplante Teilnehmerentwicklung zu erreichen. Dazu stehen ihm grundsätzlich die einzelnen Aktionsparameter der Nutzenfunktionen zur Verfügung, um den zukünftigen Diffusionsverlauf bzw. die Marktentwicklung ceteris-paribus zu beeinflussen. Da sich aus theoretischer Sicht eine Vielzahl von Kombinationsmöglichkeiten der Aktionsparameterausprägungen ergeben würde, um das vorgegebene Ziel zu erreichen, wird zur Durchführung einer entsprechenden Optimierung *ein* Aktionsparameter gewählt, der von einem Anbieter oder von einem konkurrierenden Anbieter in den Ausprägungen variiert werden kann.

6.2.6.1 Formulierung des Optimierungsproblems der How-To-Achieve-Analyse

Zur Durchführung des Minimierungsproblems wird ebenfalls wie bei der Modellkalibrierung die „Kleinste-Quadrate-Schätzung" gewählt wird. In diesem Fall wird auf Grundlage einer vorgegebenen Marktentwicklung ceteris-paribus derjenige „dynamische Vektor" $\widetilde{\mathbf{x}}_{ih}^{\alpha} = \left(s_{i,t=1,h}^{\alpha}, \ldots, s_{i,t=T,h}^{\alpha}\right)'$ des Aktionsparameters h, der Alternative i und der Konsumentengruppe α ermittelt, der einen „guten" Fit liefert. Zur Durchführung dieser nichtlinearen Optimierung wird ebenfalls die Pattern-Search Methode gewählt, die sich beim vorliegenden Minimierungsproblem in (6.9) bewährt hat. Zur „Steuerung" der Abweichungen können neben einer zeitlich gleichen Gewichtung der Perioden $\left(\widetilde{\lambda}_1 = \widetilde{\lambda}_2 = \ldots = \widetilde{\lambda}_T\right)$ aber auch unterschiedliche Gewichtungen gewählt werden. Die im vorliegenden Fall zu minimierende Funktion $\widetilde{f}_i\,(\widetilde{\mathbf{x}}^{\alpha}_{ih})$ der Alternative i besteht aus $\widehat{m}$ Komponenten mit $\widetilde{n}$ Variablen. In diesem Fall gilt $\widetilde{n} = \widehat{m} = T$.

$$\text{Min } \widetilde{f}_i\,(\widetilde{\mathbf{x}}^{\alpha}_{ih}) = \sum_{t=1}^{T} \widetilde{\lambda}_t \left(\overline{n}^{\alpha}_{i,t} - n^{\alpha}_{i,t}(\widetilde{\mathbf{x}}^{\alpha}_{ih})\right)^2 \tag{6.9}$$

$$\text{u. d. NB. } \left(s^{\alpha}_{i,h,\min}\right) \leq \widetilde{\mathbf{x}}^{\alpha}_{ih} = \begin{pmatrix} s^{\alpha}_{i,t=1,h} \\ \vdots \\ s^{\alpha}_{i,t=T,h} \end{pmatrix} \leq \left(s^{\alpha}_{i,h,\max}\right), \quad \begin{array}{c} h = 1, ..., \widetilde{R} \wedge i = 1 \\ h = 1, ..., R \wedge i \neq 1 \\ \widetilde{\mathbf{x}}^{\alpha}_{ih} \in \mathbb{R}^{\widetilde{n}}, \\ \widetilde{n} = \widehat{m} = T \end{array}$$

mit:

$$\sum_{t=1}^{T} \widetilde{\lambda}_t = 1 \tag{6.10}$$

$\widetilde{f}_i\,(\widetilde{\mathbf{x}}^{\alpha}_{ih})$:	Minimierende Funktion der Alternative i
$\overline{n}^{\alpha}_{i,t}$:	Anzahl der Adoptoren bzw. potentiellen Adoptoren der Alternative i und Konsumentengruppe α zum Zeitpunkt t (empirischer Wert)
$n^{\alpha}_{i,t}(\widetilde{\mathbf{x}}^{\alpha}_{ih})$:	Geschätzte Anzahl der Adoptoren bzw. potentiellen Adoptoren der Alternative i und Konsumentengruppe α zum Zeitpunkt t mit dem Vektor des Aktionsparameters $\widetilde{\mathbf{x}}^{\alpha}_{ih} = \left(s^{\alpha}_{i,t=1,h}, ..., s^{\alpha}_{i,t=T,h}\right)'$
$\widetilde{\mathbf{x}}^{\alpha}_{ih}$:	Vektor des Aktionsparameters h, der Alternative i und der Konsumentengruppe α
$\widetilde{\lambda}_t$:	Gewichtungsfaktor zum Zeitpunkt t
$s^{\alpha}_{i,h,\min}$:	Minimaler Wert der Ausprägung des Aktionsparameters h der Alternative i
$s^{\alpha}_{i,h,\max}$:	Maximaler Wert der Ausprägung des Aktionsparameters h der Alternative i
$\widetilde{R}, R$:	Anzahl der Aktionsparameter
T :	Anzahl der Perioden, $t = 1, ..., T$

6.2.6.2 Ergebnisse einer How-To-Achieve-Analyse

Unter Beihaltung aller Parametereinstellungen von 2004 zeigt sich der aus der What-If-Analyse bekannte untere Diffusionsverlauf in Abbildung 6.27. Hierbei beläuft sich das Teilnehmerwachstum, bezogen auf 2004, im Jahr 2008 auf 10,47%.

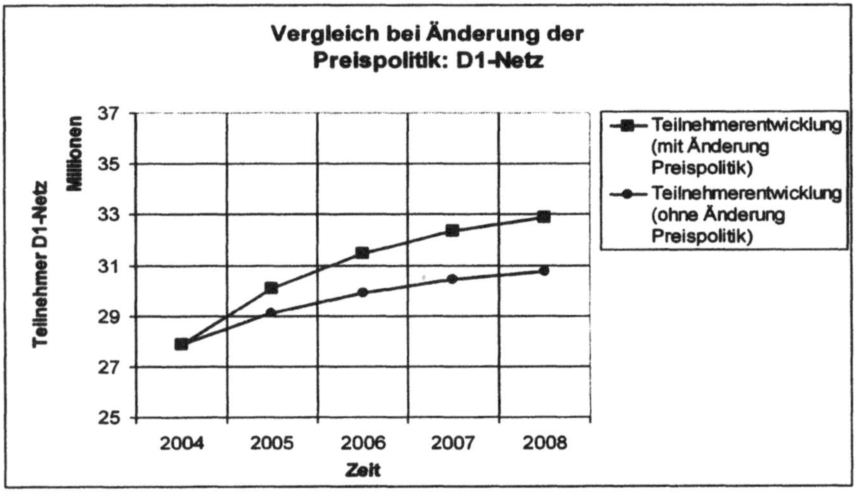

Abbildung 6.27: Vergleich bei Änderung der Preispolitik

Zur Durchführung einer How-To-Achieve-Analyse ist von folgender Situation auszugehen: Die Teilnehmerzahl im Jahr 2004 der Alternative D1-Netz soll durch eine bis zum Jahr 2008 verfolgte Preisstrategie um insgesamt 18% erhöht werden. Dabei wird ceteris-paribus eine Preispolitik unterstellt, mit der die Teilnehmerentwicklung in Abbildung 6.27 oben erreicht werden kann. Die Pattern-Search Methode liefert als Ergebnis der Minimierung von (6.9) einen Preisvektor $\widetilde{\mathbf{x}}_{21}^{\alpha}$ (Alternative ($i = 2$) D1-Netz und Aktionsparameter ($h = 1$) Preis) zurück, mit der die vorgegebene Zielsetzung erreicht werden kann. Für die Perioden von 2005 bis 2008 werden gleiche Gewichte zugrunde gelegt. Das Ergebnis zeigt, daß eine Preisreduzierung von 30,77% je Periode ab 2005 bis

2008 zu einer in Abbildung 6.27 oben dargestellten Teilnehmerentwicklung führen kann.

Allerdings müssen die vom Optimierungsmodell gelieferten Ergebnisse unter ceteris-paribus Aspekten kritisch betrachtet werden. Sie können zwar mathematisch korrekt sein, d.h. ein Minimum von (6.9) darstellen, deren betriebswirtschaftliche Umsetzung aber kritisch zu hinterfragen ist. Somit ist im Einzelfall zu prüfen, ob Ressourcenabhängigkeiten oder andere Zielgrößen, wie z.B. Gewinn, Umsatz oder Kosten als Nebenbedingungen berücksichtigt werden müssen. Eine z.B. vom Modell vorgeschlagene Preispolitik könnte aus ökonomischer Sicht dann nicht sinnvoll sein, wenn die Gewinnmargen über einen längeren Zeitraum nicht erreicht werden können. Darüber hinaus wäre es auch denkbar, daß durch kombinierte Politiken, wie z.B. Preis und Service, eine gleiche Teilnehmerentwicklung erzielt werden kann.

Auch das Verhalten der Konkurrenz ist bei der Bewertung von Handlungsalternativen hinzuzuziehen. Eine über einen längeren Zeitraum verfolgte Preispolitik wird sicherlich nicht ohne Reaktion der Wettwerber bleiben. Daher sind Annahmen über Reaktionsmaßnahmen der Wettbewerber zu treffen, so daß die Ergebnisse aus mehreren Simulationsläufen herangezogen werden müssen, um richtungsweisend die Entscheidungssituation sinnvoll zu unterstützen und um fundierte Handlungsempfehlungen für konkurrenzorientierte Handlungsalternativen zu formulieren. Auch die in Abbildung 6.27 verfolgte Preisstrategie muß im Vergleich ohne Preisstrategie in der Weise kritisch hinterfragt werden, weil, bezogen auf das Jahr 2008, im Modellbeispiel eine Teilnehmersteigerung von 7,53% (18%-10,47%) mit einer Preisreduktion von 30,77% einher geht. So könnte aus betriebswirtschaftlicher Sicht die Teilnehmersteigerung durch eine Preisstrategie nicht als sinnvoll eingestuft werden, wenn die geforderten Gewinnmargen unerreicht und benötigte Ressourcen nicht zur Verfügung stehen.

Über das in diesem Kapitel sehr detailliert vorgestellte Phasenmodell der Szenarienmodellierung hinaus, konnten die verschiedenen Einsatzbereiche des Simulationsmodells zur Entscheidungsunterstützung von zukünftigen, konkurrenzbezogenen Produkten und Technologien aufgezeigt werden. Insbesondere bei der Berücksichtung von direkten Netzeffekten sind die Besonderheiten der Ausbreitungsentwicklung von Netzeffektgütern deutlich herausgearbeitet und simuliert worden. Die Notwendigkeit einer Modellkalibrierung im Rahmen einer Entscheidungsunterstützung begründet sich vor allem darin, daß mit denen sich daran anschließenden What-If-Analysen und How-To-Achieve-Analyse bessere Ergebnisse zu erzielen sind, als das im Fall ohne Modellkalibrierung möglich wäre. Über die Modellkalibrierung hinaus konnten vor allem zwei Zielsetzungen verfolgt werden: Zum einen konnte die Flexibilität des Simulationsmodells dokumentiert werden und zum anderen lieferte das Aufzeigen von Wirkungszusammenhängen, insbesondere von Netzeffekten, ein vertieftes Verständnis für den Diffusionsverlauf bei Netzeffektgütern.

Kapitel 7

Zusammenfassung und Ausblick

Den Schwerpunkt der vorliegenden Arbeit bildete die Entwicklung eines Diffusionsmodells für Netzeffektgüter auf der Grundlage des Mastergleichungsansatzes bzw. der genäherten Mittelwertgleichungen.

Im zweiten Kapitel wurden die Besonderheiten netzeffektbasierter Güter herausgearbeitet. Dabei wurde zunächst die klassische Diffusionstheorie einer kritischen Betrachtung unterzogen. Mit der sich daran anschließenden Abgrenzung von Netzeffektgütern gegenüber anderen Güterkategorien und der Darstellung des Kritischen-Masse-Effekts, Kompatibilitätsbetrachtungen, Lock-In-Effekten, Rückkopplungsmechanismen sowie typischer Diffusionsmuster sind die Charakteristika aufgezeigt und entsprechend motiviert worden. Als zentrale Besonderheit der Ausbreitungsentwicklung konnte ein linksschiefer Verlauf der Adoptions- und Diffusionskurve herausgearbeitet werden. Diese in der Anfangsphase verzögerte Ausbreitungsentwicklung ist auf Diffusionshemmnisse und das Fehlen von Start-up-Faktoren zurückzuführen, die bei einem erfolgreichen Verlauf nach dem Überschreiten eines Kritischen-Masse Bereichs in ein beschleunigtes Wachstum übergehen. Allerdings konnten bei Netzeffektgütern auch Situationen identifiziert werden, die bei nicht erfolgreichen Diffusionsverläufen zu Rückbildungsprozessen bzw. zu einem Verharren auf einem niedrigen Niveau führen.

Mit den weiteren Ausführungen in Kapitel 3 wurde zu den klassischen Diffusionsmodellen, die in den meisten Fällen auf das Bass-Modell bzw. auf die Grundmodelle exponentieller, logistischer oder semilogistischer Bauart zurückzuführen sind, kritisch Stellung genommen. Die Notwendigkeit eines geeigneten Modells für Netzeffektgüter, das einerseits individuelle bzw. konsumentengruppenspezifische Nutzenfunktionen und andererseits Produktalternativen in den Mittelpunkt stellt, ist herausgearbeitet worden.

Mit der in Kapitel 4 vorgestellten quantitativen Formulierung einer Nutzenfunktion konnte vor allem ein sehr flexibles Nutzenmodell formuliert werden, das die drei typischen Netzeffektfunktionstypen integriert und darüber hinaus quasi frei definierbare Aktionsparameter zuläßt. Durch die formale Erweiterung, daß für die potentiellen Adoptoren und die Adoptoren jeweils eine separate Nutzenmodellierung ermöglicht wird, werden die damit verbundenen Vorteile unterstrichen, daß auf der einen Seite ein sehr flexibler Ansatz entwickelt worden ist, der sich auf die unterschiedlichsten Anwendungsfälle übertragen werden kann. Auf der anderen Seite untermauert die integrative Sicht auf die am Diffusionsprozeß beteiligten Gruppen, daß mit der Ablehnung oder Annahme von Produkten verschiedene Einflußfaktoren verbunden sind.

Im Hauptteil der Arbeit wurde in Kapitel 5 ein theoretisch fundiertes Modell auf Basis der Mastergleichung bzw. den daraus hergeleiteten genäherten Mittelwertgleichungen vorgestellt. Mit den quantitativ formulierten Wechselwahrscheinlichkeiten ist ein nichtlineares Differentialgleichungssystem vorgestellt worden, das nach einer entsprechenden Diskretisierung umgesetzt worden ist. Wie die Ergebnisse des damit realisierten Simulationsmodells in Kapitel 6 zeigen, konnten in der Phase der Modellkalibrierung mit Hilfe eines nichtlinearen Optimierungsverfahrens sehr hohe Werte für das Bestimmtheitsmaß erzielt werden. Damit hat sich nicht nur eine sehr gute Anpassung des Modells an Vergangenheitsdaten erzielen lassen, sondern es liegt nah, daß die daraufhin erstellten Prognosen durchaus zu besseren Ergebnissen führen, als das mit anderen Modellen der Fall ist, die nicht eine derart integrierte Flexibilität aufweisen. Das unterstreichen auch die Sensitivitätsbetrachtungen der Netzeffektnutzenkomponente, mit denen gezeigt werden konnte, daß bei verstärkt auftretenden Netzeffekten sich ein noch stärkerer linksschiefer Verlauf der Adoptions- und Diffusionskurve einstellt. Durch die Eigenschaft des Modellansatzes, bei dem Zu- und Abflüsse zwischen den betrachteten Alternativen abgebildet werden, wird die Basis für eine detailliertere Untersuchung des Diffusionsprozesses bereitet. Die interdisziplinäre Ausrichtung der Arbeit, d.h. der integrativen Verknüpfung des Mastergleichungsansatzes bzw. der Mittelwertgleichungen aus der Physik, der angewandten Mathematik (insbesondere Optimierungsverfahren) mit Ansätzen aus der Betriebswirtschaftslehre und insbesondere des Marketings zur quantitativen Modellierung von Diffusionsprozessen, läßt insbesondere erwarten, daß sich die Akzeptanz dieses Ansatzes zur Entscheidungsunterstützung sowohl in theoretischer als auch in praktischer Hinsicht erhöhen wird.

Für die Praxis im Rahmen der Entscheidungsunterstützung ist das in Kapitel 6 vorgestellte Phasenmodell und die abgeleiteten Schritte zur Abbildung von Modellsimulationen interessant. Die Ergebnisse gewinnen vor allem dadurch an Bedeutung, daß das mit dem Programmpaket Matlab umgesetzte Simulationsmodell den Entscheidungsträgern ein „Werkzeug" zur Verfügung gestellt wird, mit dem die Möglichkeit geschaffen wird, Wirkungsweisen von Einflußvariablen und Parametern in bezug auf den Diffusionsverlauf zu untersuchen. Die mit der What-If-Analyse und der How-To-Achieve-Analyse geschaffenen Möglichkeiten zur Untersuchung und Bewertung von Handlungsalternativen unterstreichen die Praxisrelevanz und zeigen wichtige Erkenntnisse über die Zusammenhänge von Diffusionsprozessen auf.

Weitere Forschungsaktivitäten können einerseits die modelltheoretische Weiterentwicklung betreffen und andererseits weitere praktische Einsatzmöglichkeiten des Simulationsmodells aufzeigen. Die modelltheoretischen Weiterentwicklungen könnten sich auf die Nutzenfunktionen beziehen, bei denen z.B. multiplikative Verknüpfungsansätze und weitere Netzeffektfunktionstypen untersucht werden. Desweiteren wären zur Bewertung von Handlungsalternativen die nichtlinearen Optimierungsansätze, insbesondere bei der How-To-Achieve-Analyse, durch periodenübergreifende Nebenbedingungen zu erweitern, bei denen ressourcen-, kosten- und gewinnabhängige Potentiale untersucht werden. Aus anwendungsorientierter Sicht wären weitere Modellsimulationen sowohl bei Netzeffektgütern als auch bei anderen Güterkategorien durchzuführen, um einerseits die Einsatzmöglichkeiten des Modells auf eine verbreiterte Anwendungsbasis zu stellen und anderseits die daraus gewonnen Erkenntnisse in die methodische Weiterentwicklung einfließen zu lassen. Darüber hinaus wäre die Konzeption einer Integration des entwickelten Simulationsmodells in bestehende und vom Management genutzten Systeme sinnvoll, um die benötigten Daten effizienter zur Entscheidungsunterstützung zu nutzen.

Literaturverzeichnis

Albers, S. /Peters, K. (1995): Schätzung von Diffusionsmodellen für den Dienst BTX Datex-J, in: Stoetzer, M. (Hrsg.): Die Diffusion von Innovationen in der Telekommunikation, Berlin [u.a.]: Springer, 1995, S. 167-193.

Backhaus, K. et al. (1990): Multivariate Analysemethoden: Eine anwendungsorientierte Einführung, 6. Auflage, Berlin [u.a.]: Springer, 1990.

Bass, F./Jain, D. /Krishnan, T. (2000): Modeling the Marketing-Mix Influence in New-Product Diffusion, in: Mahajan, V./Muller, E. /Wind, Y. (Hrsg.): New-Product Diffusion Models, Boston [u.a.]: Kluwer Acad. Publ., 2000, S. 99-122.

Bass, F. M. (2004): A New Product Growth for Model Consumer Durables, in: Management Science, Bd. 50, Nr. 12, S. 1825-1832 (Nachdruck; Original erschienen 1969, in: Management Sience, Bd. 15, Nr. 5, S. 215-227).

Bayus, B. L./Kim, N. /Shocker, A. (2000): Groth Models for Multiproduct Interaction: Current Status and New Directions, in: Mahajan, V./Muller, E. /Wind, Y. (Hrsg.): New-Product Diffusion Models, Boston [u.a.]: Kluwer Acad. Publ., 2000, S. 141-164.

BfS (2005): Webseite des Bundesamts für Strahlenschutz, URL: `http://www.emf-forschungsprogramm.de/forschung/risikokommunikation/risikokommunikation_abges/risiko_030_AB.pdf`, Verifizierungsdatum: 15.11.2005.

Böcker, F. /Gierl, H. (1988): Die Diffusion neuer Produkte - Eine kritische Bestandsaufnahme, in: Zfbf, Bd. 40, Nr. 1, S. 32-48.

Brandt, K. (1998): Innovationsdiffusion und die Kopplung offener Wirtschaftssysteme: Nichtlineare stochastische Beschreibungsmethoden, Tübingen [u.a.]: Francke, 1998.

Bundesnetzagentur (2005): Webseite der Bundesnetzagentur, URL: `http://www.bundesnetzagentur.de/enid/5739e158c2b103444a227e33786c321c,0/Marktbeobachtung/Mobilfunkdienste_vw.html`, Verifizierungsdatum: 15.11.2005.

Bundesnetzagentur (2005a): Webseite der Bundesnetzagentur, URL: `http://www.bundesnetzagentur.de/media/archive/1432.pdf`, Verifizierungsdatum: 15.11.2005.

Büschken, J. (2003): Wann neue Produkte vorankündigen?, in: Zfbf, Bd. 55, Nr. 1, S. 3-22.

Buxmann, P. (2002): Strategien von Standardsoftware-Anbietern: Eine Analyse auf der Basis von Netzeffekten, in: Zfbf, Bd. 54, Nr. 5, S. 442-457.

Chatterjee, R./Eliashberg, J. /Rao, V. R. (2000): Dynamic Models Incorporating Competition, in: Mahajan, V./Muller, E. /Wind, Y. (Hrsg.): New-Product Diffusion Models, Boston [u.a.]: Kluwer Acad. Publ., 2000, S. 165-206.

Christmann, A. (1990): Anwendungen der Synergetik und Chaostheorie in der Ökonomie, Karlsruhe (zugl. Diss. Uni. Karlsruhe): 1990.

Cooper, L. G. /Nakanishi, M. G. (1988): Market-Share Analysis: Evaluating Competitive Marketing Effectiveness, Boston [u.a.]: Kluwer, 1988.

Decker, R. (1994): Analyse und Simulation des Kaufverhaltens auf Konsumgütermärkten: Konzeption eines modell- und wissensorientierten Systems zur Auswertung von Paneldaten, Frankfurt am Main [u.a.]: Lang, 1994.

Erdmann, G. (1990): Evolutionäre Ökonomik als Theorie ungleichgewichtiger Phasenübergänge, Band 1, Berlin: Duncker Humblot, 1990, S. 135-161.

Fantapié Altobelli, C. (1990): Die Diffusion neuer Kommunikationstechniken in der Bundesrepublik Deutschland: Erklärung, Prognose und marketingpolitische Implikationen, Heidelberg: Physica, 1990.

Felten, C. (2001): Adoption und Diffusion von Innovationen: Ein mikroökonomisches Modell, Wiesbaden: Dt. Univ.-Verl., 2001.

Frankhauser, P. (1991): Beschreibung der Evolution urbaner Systeme mit der Mastergleichung, Stuttgart (Diss. Univ.- Stuttgart): 1991.

Friedrich, C. (2000): Pfadabhängigkeit, kritische Masse, Lock-In und Netzwerke: Logische Interdependenzen der evolutorischen Methoden zur Analyse des Wettbewerbs, Dresden: Techn. Univ., Fakultät für Wirtschaftswissenschaften, 2000.

Gensler, S. (2003): Heterogenität in der Präferenzanalyse: ein Vergleich von hierarchischen Bayes-Modellen und Finite-Mixture-Modellen, Wiesbaden: Dt. Univ.-Verl., 2003.

Gierl, H. (1987): Die Erklärung der Diffusion technischer Produkte, Berlin: Duncker Humblot, 1987.

Gierl, H. (1992): Diffusionsmodelle: Techniken zur Absatzprognose und Gestaltung der Absatzpolitik, in: Wirtschaftswissenschaftliches Studium, Bd. 21, Nr. 8, S. 382-386.

Gierl, H. (1997): Neue Technologien und Leapfrogging der Nachfrager, in: Zeitschrift für Betriebswirtschaft, Bd. 67, Nr. 10, S. 1073-1091.

Größler, A. /Thun, J. (2004): Die Diffusion von Netzwerkgütern: Eine systemdynamische Betrachtung, in: Wirtschaftswissenschaftliches Studium, Bd. 33, Nr. 12, S. 700-705.

Haag, G. (1989): Die Beschreibung physikalischer und sozialwissenschaftlicher dynamischer Systeme mit der Mastergleichung, Stuttgart (Habil. Univ. Stuttgart): 1989.

Haken, H. (1995): Erfolgsgeheimnisse der Natur: Synergetik: Die Lehre vom Zusammenwirken, Reinbek (bei Hamburg): Rowohlt, 1995.

Hansen, H. R. /Neumann, G. (2005): Wirtschaftsinformatik 1 - Grundlagen und Anwendungen, 9. Auflage, Stuttgart: Lucius & Lucius, 2005.

Hanssens, D. /Parsons, L. (1993): Econometric and Time-Series Market Response Models, in: Eliashberg, J. /Lilien, G. (Hrsg.): Marketing. Handbooks in Operations Research and Management Science, Band 5, Amsterdam [u.a.]: North-Holland, 1993, S. 409-464.

Hooke, R. /Jeeves, T. A. (1961): Direct Search Solution of Numerical and Statistical Problems, in: Journal of the Association of Computer Machines, Nr. 8, S. 212-229.

Hruschka, H. (1996): Marketing-Entscheidungen, München: Vahlen, 1996.

Kampen, N. G. v. (1992): Stochastic Processes in Physics and Chemistry, Amsterdam [u.a.]: North-Holland, 1992.

Katz, M. L. /Shapiro, C. (1986): Technology Adoption in the Presence of Network Externalities, in: The Journal of Political Economy, Bd. 94, Nr. 4, S. 822-841.

Katz, M. L. /Shapiro, C. (1992): Product Introduction with Network Externalities, in: The Journal of Industrial Economics, Bd. 40, Nr. 1, S. 55-83.

Katz, M. L. /Shapiro, C. (1994): Systems Competition and Network Effects, in: The Journal of Economic Perspectives, Bd. 8, Nr. 2, S. 93-115.

Klophaus, R. (1995): Marktausbreitung neuer Konsumgüter: Verhaltenswissenschaftliche Grundlagen, Modellbildung und Simulation, Wiesbaden: Dt. Univ.-Verl., 1995.

Kollmann, T. (1998): Akzeptanz innovativer Nutzungsgüter und -systeme: Konsequenzen für die Einführung von Telekommunikations- und Multimediasystemen, Wiesbaden: Gabler, 1998.

König, W. /Weitzel, T. (2004): Netzeffekte im E-Business, URL: `http://much-magic.wiwi.uni-frankfurt.de/~tweitzel/paper2.htm`, Verifizierungsdatum: 20.08.2004.

Kotler, P. /Bliemel, F. (1992): Marketing-Management: Analyse, Planung, Umsetzung u. Steuerung, 7. Auflage, Stuttgart: Poeschel, 1992.

Krafft, M. /Litfin, T. (2002): Adoption innovativer Telekommunikationsdienste: Validierung der Rogers-Kriterien bei Vorliegen potenziell heterogener Gruppen, in: Zfbf, Bd. 54, Nr. 1, S. 64-83.

Kroeber-Riel, W. (1992): Konsumentenverhalten, 5. Auflage, München: Vahlen, 1992.

Lewis, R. M. /Torczon, V. (1999): Pattern Search Algorithms for bound constraint Minimization, in: SIAM Journal on Optimization, Bd. 9, Nr. 4, S. 1082-1092.

Lewis, R. M. /Torczon, V. (2000): Pattern Search Methods for linearly constrained Minimization, in: SIAM Journal on Optimization, Bd. 10, Nr. 3, S. 917-941.

Little, J. D. C. (1975): BRANDAID: A Marketing - Mix Model, in: Operations Research, Bd. 23, S. 628-673.

Mahajan, V./Muller, E. /Wind, Y. (2000): New-Product Diffusion Models, Boston [u.a.]: Kluwer Acad. Publ., 2000.

Mertens, P. (1982): Simulation, 2. Auflage, Stuttgart: Poeschel, 1982.

Neumann, K. /Morlock, M. (2002): Operations Research, 2. Auflage, München [u.a.]: Hanser, 2002.

Nieschlag, R./Dichtl, E. /Hörschgen, H. (1991): Marketing, 16. Auflage, Berlin: Duncker Humblot, 1991.

Pechtl, H. (1991): Innovatoren und Imitatoren im Adoptionsprozeß von technischen Neuerungen, Bergisch Gladbach [u.a.]: Eul, 1991.

Pohl, A. (1996): Leapfrogging bei technologischen Innovationen: Ein Erklärungsansatz auf Basis der Theorie des wahrgenommenen Risikos, Wiesbaden: Gabler, 1996.

Reisinger, H. (1996): Goodness-of-Fit-Maße in linearen Regressions- und Logit-Modellen: Theorie und Anwendung in der empirischen Marktforschung, Frankfurt am Main [u.a.]: Lang, 1996.

Röck, C. (2000): Die Diffusion von innovativen netzgebundenen Gütern bei unterschiedlichen Interaktionsnetzen, Frankfurt am Main [u.a.]: Lang, 2000.

Rogers, E. M. (1962): Diffusion of Innovations, New York [u.a.]: Free Press, 1962.

Rogers, E. M. (1995): Diffusion of Innovations, New York [u.a.]: Free Press, 1995.

Röhle, M. (1998): Einsatz stochastischer Kaufverhaltensmodelle für die operative Marketing-Mix-Planung: Entscheidungsunterstützung für Analyse und Optimierung unter Wettbewerbsbedingungen, Aachen: Shaker, 1998.

Rohlfs, J. H. (2003): Bandwagon Effects in High-Technology Industries, 1. Auflage, Cambridge: MIT Press, 2003.

Schenk, M./Dahm, H. /Šonje, D. (1996): Innovationen im Kommunikationssystem: Eine empirische Studie zur Diffusion von Datenfernübertragung und Mobilfunk, Münster: LIT, 1996.

Schoder, D. (1995): Erfolg und Mißerfolg telematischer Innovationen, Wiesbaden: Dt. Univ.-Verl., 1995.

Schubert, B. (1991): Entwicklung von Konzepten für Produktinnovationen mittels Conjoint-Analyse, Stuttgart: Poeschel, 1991.

Schwarz, H. R. (1993): Numerische Mathematik, 3. Auflage, Stuttgart: Teubner, 1993.

Shy, O. (2001): The Economics of Network Industries, Cambridge [u.a.]: Cambridge Univ. Press, 2001.

Sinus Sociovision (2005): Webseite von sinus sociovision, URL: `http://www.sinus-sociovision.de`, Verifizierungsdatum: 16.11.2005.

Späth, G. (1995): Preisstrategien für innovative Telekommunikationsleistungen: Entwicklung eines DV-gestützten Simulationsansatzes, Wiesbaden: Gabler, 1995.

Speth, C. (2000): Investitionsgütermarketing bei Kritische-Masse-Systemen: Das Beispiel Telekommunikationssysteme, Wiesbaden: Dt. Univ.-Verl., 2000.

Thum, M. (1995): Netzwerkeffekte, Standardisierung und staatlicher Regulierungsbedarf, Tübingen: Mohr, 1995.

VATM (2005): Website des VATM (Verband der Anbieter von Telekommunikations- und Mehrwertdiensten), URL: `http://www.vatm.de/content/mobilfunk/technik.html`, Verifizierungsdatum: 23.12.2005.

VDI (2005): Webseite des Vereins Deutscher Ingenieure (VDI), URL: `www.vdi.de`, Verifizierungsdatum: 10.11.2005.

Voeth, M. (2000): Nutzenmessung in der Kaufverhaltensforschung: Die Hierarchische Individualisierte Limit Conjoint-Analyse (HILCA), Wiesbaden: Dt. Univ.-Verl. [u.a.], 2000.

Voeth, M. (2003): Gruppengütermarketing, München [u.a.]: Vahlen, 2003.

Voß, S. /Gutenschwager, K. (2001): Informationsmanagement, Berlin [u.a.]: Springer, 2001.

Weiber, R. (1992): Diffusion von Telekommunikation, Wiesbaden: Gabler, 1992.

Weiber, R. (1993): Chaos: Das Ende der klassischen Diffusionsmodellierung? in: Marketing-ZFP, Bd. 15, Nr. 1, S. 35-46.

Weiber, R. (1995): Systemgüter und klassische Diffusionstheorie: Elemente einer Diffusionstheorie für kritische Masse-Systeme, in: Stoetzer, M. (Hrsg.): Die Diffusion von Innovationen in der Telekommunikation, Berlin [u.a.]: Springer, 1995, S. 39-70.

Weiber, R. /Pohl, A. (1996): Leapfrogging-Behavior - Ein adoptionstheoretischer Erklärungsansatz, in: Zeitschrift für Betriebswirtschaft, Bd. 66, Nr. 10, S. 1203-1222.

Weiber, R. /Rosendahl, T. (1997): Anwendungsprobleme der Conjoint-Analyse: Die Eignung conjointanalytischer Untersuchungsansätze zur Abbildung realer Entscheidungsprozesse, in: Marketing-ZFP, Bd. 19, Nr. 2, S. 107-118.

Weiber, R. (2002): Die empirischen Gesetze der Netzwerkökonomie: Auswirkungen von IT-Innovationen auf den ökonomischen Handlungsrahmen, in: Die Unternehmung, Bd. 56, Nr. 5, S. 269-294.

Weidlich, W. /Haag, G. (1983): Concepts and Models of a Quantitative Sociology: The Dynamics of Interacting Populations, Berlin [u.a.]: Springer, 1983.

Weidlich, W. /Haag, G. (1988): Interregional Migration, Berlin [u.a.]: Springer, 1988.

Weidlich, W. (1992): Das Modellierungskonzept der Synergetik für dynamische sozioökonomische Prozesse, in: Blümle, G. (Hrsg.): Studien zur evolutorischen Ökonomik, Band 2, Berlin: Duncker & Humblot, 1992, S. 39-63.

Weidlich, W. /Braun, M. (1992): The Master Equation Approach to Nonlinear Economics, in: Journal of Evolutionary Economics, Bd. 2, Nr. 3, S. 233-265.

Weidlich, W. (1994): Naturwissenschaft und Ökonomik: Ist ein Methodentransfer von Naturwissenschaften zu Sozialwissenschaften möglich?, in: Biervert, B./Held, M. (Hrsg.): Das Naturverständnis der Ökonomik, Frankfurt [u.a.]: Campus-Verl., 1994, S. 69-87.

Weidlich, W. (2002): Sociodynamics: A Systematic Approach to Mathematical Modelling in the Social Sciences, London: Taylor & Francis, 2002.

Wengler, M. O. /Schäfer, R. G. (2003): Substitutionsbeziehungen zwischen Festnetz und Mobilfunk: Empirische Evidenz für Deutschland und ein Survey internationaler Studien, Bad Honnef: Wissenschaftliches Institut für Kommunikationsdienste, 2003.

Wiese, H. (1998): Kompatibilität, Netzeffekte und Produktdifferenzierung, in: Marketing-ZFP, Bd. 20, Nr. 1, S. 15-24.

Woeckener, B. (1992): Zur Relevanz der Mastergleichung für die Modellierung ökonomischer Prozesse, in: Jahrbücher für Nationalökonomie und Statistik, Stuttgart: Lucius & Lucius, Bd. 210, Nr. 5/6, S. 412-426.

Woeckener, B. (1993): Konkurrierende Innovationen, Netzwerk-Externalitäten und Standardisierung durch den Markt, in: Wagner, A. (Hrsg.): Dezentrale Entscheidungsfindung bei externen Effekten, Tübingen: Francke, 1993, S. 107-140.

Woeckener, B. (1995): Hotelling-Modelle der Konkurrenz und Diffusion von Netzeffektgütern: Deterministische und stochastische Ansätze zur Erklärung der Ausbreitung neuer Kommunikations- und Gebrauchsgüter-Systeme, Tübingen: Francke, 1995.

Zerdick, A. et al. (2001): Die Internet-Ökonomie: Strategien für die digitale Wirtschaft, 3. Auflage, Berlin [u.a.]: Springer, 2001.

Dirk Hohm

Marketing für Wohndienstleistungen

Theoretische Grundlagen, empirische Einsichten und Gestaltungsempfehlungen zur Kundenzufriedenheit und Kundenbindung in der Wohnungswirtschaft

Frankfurt am Main, Berlin, Bern, Bruxelles, New York, Oxford, Wien, 2005.
283 S., 33 Abb., 22 Tab.
Markt und Konsum. Herausgegeben von Ursula Hansen. Bd. 17
ISBN 3-631-53582-1 · br. € 51.50*

Die Wohnqualität ist für das allgemeine Wohlbefinden und die Lebensqualität von großer Bedeutung. Privathaushalte wenden erhebliche Mühen und Mittel auf, um ihre Wohnsituation zu optimieren. Die Wohnungswirtschaft nimmt bei der Erfüllung von Wohnbedürfnissen eine Schlüsselstellung ein und verfügt über ein erhebliches volkswirtschaftliches Gewicht. In der Marketing- und Konsumforschung wird diesem Wirtschaftszweig dennoch bislang kaum Beachtung geschenkt. Die Studie setzt an dieser Lücke an und analysiert theoretisch wie empirisch die Frage, mit welchen spezifischen Mitteln Wohnungsunternehmen auf die Kundenzufriedenheit einwirken können und welche Wirkungen damit zu erreichen sind. Ein besonderes Augenmerk wird auf die Potenziale der Servicepolitik gelegt, deren besondere Chancen in der Branche seit einiger Zeit intensiv diskutiert werden.

Aus dem Inhalt: Grundlagen und Merkmale des Wohnens und der Wohnungswirtschaft · Theoretische Grundlagen der Kundenzufriedenheit in der Wohnungswirtschaft · Ein integriertes Modellkonzept der Kundenzufriedenheit in der Wohnungswirtschaft · Empirische Untersuchung · Implikationen für die wohnungswirtschaftliche Servicepolitik

FSC
www.fsc.org
MIX
Papier | Fördert
gute Waldnutzung
FSC® C083411

Kolibri 360 GmbH
Ferdinand-Jühlke-Straße 7
99095 Erfurt, Deutschland
produktsicherheit@kolibri360.de

Druck:
CPI Druckdienstleistungen GmbH
im Auftrag der
Kolibri 360 GmbH
Ferdinand-Jühlke-Str. 7
99095 Erfurt